别害怕吵架

教孩子在冲突中学会正向沟通

［意］丹尼尔·诺瓦拉
- 著 -

李晶
- 译 -

中信出版集团｜北京

图书在版编目（CIP）数据

别害怕吵架：教孩子在冲突中学会正向沟通 /（意）丹尼尔·诺瓦拉著；李晶译. -- 北京：中信出版社，2024.3（2024.11重印）
ISBN 978-7-5217-6256-3

Ⅰ.①别… Ⅱ.①丹… ②李… Ⅲ.①人际关系-儿童教育-家庭教育 Ⅳ.①C912.1②G78

中国国家版本馆CIP数据核字（2023）第248442号

LITIGARE FA BENE
written by Daniele Novara
© 2014 RCS Libri S.p.A., Mlilan
© 2018 Mondadori Libri S.p.A. / BUR, Milan
Simplified Chinese translation copyright © 2024 by CITIC Press Corporation
ALL RIGHTS RESERVED
本书仅限中国大陆地区发行销售

别害怕吵架：教孩子在冲突中学会正向沟通

著　者：[意] 丹尼尔·诺瓦拉
译　者：李晶
出版发行：中信出版集团股份有限公司
　　　　　（北京市朝阳区东三环北路27号 嘉铭中心　邮编　100020）
承　印　者：三河市中晟雅豪印务有限公司

开　本：880mm×1230mm　1/32　印　张：8.25　字　数：210千字
版　次：2024年3月第1版　印　次：2024年11月第5次印刷
京权图字：01-2023-3600
书　号：ISBN 978-7-5217-6256-3
定　价：49.00元

图书策划：知学园
策划编辑：韩晗　　　　　责任编辑：姜晓娜　　　特约编辑：吕达
营销编辑：中信童书营销中心　装帧设计：韩莹莹　　内文排版：王莹

版权所有·侵权必究
如有印刷、装订问题，本公司负责调换。
服务热线：400-600-8099
投稿邮箱：author@citicpub.com

致玛尔塔，为我们从你身上所学到的一切感谢你！

目录

前言　IX

第一部分　什么是好好吵架法？

第 1 章　吵架其实挺好的　003

与其惩罚孩子，不如教他们好好吵架　004

好好吵架有利于孩子们的成长　008

好好吵架可以让家长更轻松　009

实战练习：观察孩子们的争吵　011

第二部分　为什么需要好好吵架法？

第 2 章　寻找问题的根源　015

——为什么孩子们的争吵会让家长感到困扰？

教育孩子，意味着也要教会他们好好吵架　016

不做孩子的"自动提款机"　017

妈妈：孩子们之间争吵的主要受害者　020

痛苦按键：你的困扰和崩溃来自内心而非孩子　024

新时代的家长：更关注孩子的幸福，而非控制孩子　029

毫无效果的做法：对孩子喊叫、分开吵闹中的双方　031

家长 5 种常见的错误策略　033

实战练习：你对哪种争吵原因更加敏感？　039

第 3 章　好孩子不吵架？　041

——为什么要摆脱以往那些无效的方法？

孩子们的争吵需要被纠正吗？　042

好孩子不吵架？　045

"好孩子"诞生的源头　051

孩子不会像大人一样行为处事　055

惩罚，只会让孩子变得不自信　059

吵架的孩子不是坏孩子　061

教育并不意味着要分出对错　064

实战练习：你是吵架容忍型家长吗？　067

第 4 章　区分争吵与暴力　069

——好好吵架有助于制止暴力

不要过早判定："这个孩子太暴力了"　070

霸凌不是解释一切负面行为的钥匙　071

对冲突与暴力必须加以区分　073

孩子天生不是暴力者　076

吵架：避免成为暴力者最有效的方法　079

冲突缺陷：从小不会好好吵架埋下的社交隐患　082

实战练习：你能区分暴力与争吵吗？　086

第 5 章　孩子眼中的争吵　087

——为自己找到正确位置的自然需求

孩子看待争吵的方式与成人不同　088

孩子不希望争吵被大人发现　090

争吵对孩子来说是非常自然及正常的事情　094

孩子需要通过争吵获得自我肯定，学习尊重他人　096

正向亲密关系：越是好朋友，越是爱争吵　100

在争吵中完善自我认知，学会主动放弃　103

在互相"斗嘴"中学习表达立场　105

不满 6 岁的孩子不具备在争吵中伤害对方的能力　108

儿童拥有迅速和好的能力　110

第三部分　如何运用好好吵架法？

第 6 章　好好吵架法四大步骤　115
——有效解决孩子的冲突和争吵

家庭教育的真正目的　116

选择合适的教育方法意义重大　119

父母双方要有一致的教育理念　121

好好吵架法 Step1：退后第一步　122

好好吵架法 Step2：退后第二步　127

好好吵架法 Step3：前进第一步　136

好好吵架法 Step4：前进第二步　145

实战练习 1：哪个步骤让你觉得最困难？　155

实战练习 2：如何提高使用好好吵架法的能力？　156

第 7 章　成果检验　157

——应用好好吵架法的效果和优势

儿童教育学实验成果对比　158

引发儿童争吵的七大原因　163

学会好好吵架对孩子的益处　165

实战练习：在记录中见证孩子的成长　190

第 8 章　场景应用 1　191

—— 二胎以上家庭如何使用好好吵架法

兄弟姐妹间的争吵难以避免　192

给两个孩子家庭的建议　197

给三个及以上孩子家庭的建议　210

给双胞胎家庭的建议　213

第 9 章　场景应用 2　219

—— 独生子女和离异家庭如何使用好好吵架法

独生子女更需要学习如何吵架　220

过度保护，也是一种过度惩罚　228

当争吵中可能发生伤害时　230

认识、看见、强化爸爸在家庭教育中的角色　234

给离异父母的建议　240

注释　245

前 言

曾经很长一段时间以来，孩子们在发生争吵的时候，总是希望不要被大人发现。他们担心家长发现后会批评甚至惩罚他们。

但是，今天的孩子面对争吵却显得从容不迫、自然而然，因为这本身就是一种孩子们一起玩耍和生活的正常模式。

然而，家长却不太适应这样的转变。他们不知道如何面对孩子们之间的争吵，甚至错误地理解了孩子们在童年时期的"对立性"。对家长而言，这是新鲜事物，但他们依然在采用"老方法"来解决新问题。虽然这些老方法看起来都是相当温和的，家长们也觉得自己是在纠正孩子的错误，而不是干涉他们，但这些老方法源于一种根深蒂固的偏见：争吵是不对的，作为家长，我需要干预并纠正这些错误。

遗憾的是，这些方法都收效甚微。时代在变，过去的很多方法在面对今天的问题时，都不灵验了。

本书将介绍一种全新的方法，为解决孩子们之间的争吵提供一种新的思路：给孩子机会，让他们自己处理所面对的冲突和争端。近三十年的科学研究一直都在强调这一观点，而我们的新方法可以将理论付诸实践，让孩子不再害怕吵架，帮助孩子学会好好吵架。

这本书所介绍的新方法，同时也可以帮助家长减少并最终消除担心。面对争吵，家长主要有以下担忧：孩子们在争吵时，难免会出现打架的情况，因此，家长害怕孩子们会受伤，害怕孩子们会因为争吵而互相厌恶，也担心自己身为家长，无法公平公正地对待他们。

其实，采用正确的方法和步骤来解决孩子们的冲突不仅是完全可能的，还可以避免在孩子们面前变得咄咄逼人，只能通过不停地大喊大叫解决问题。家长要做的就是减少对孩子的说教，不要让孩子在面对家长的时候感到窒息。

这本书正是想要教会家长这种全新的方法，从而让孩子学会这种方法，让亲子关系变得更加和谐而美好。

丹尼尔·诺瓦拉

Part 1
第一部分

什么是好好吵架法？

第 1 章

吵架其实挺好的

> 娜塔莎和亚当吵架了。娜塔莎:"我希望你死掉。"
>
> 尤塔:"天啊!娜塔莎!"
>
> 娜塔莎:"我真希望他从没有来过这个世界!"
>
> 尤塔:"娜塔莎!亚当是你的弟弟,没有他,你会想念他的。"
>
> 娜塔莎:"我情愿想念他!"[1]
>
> ——罗纳德·大卫·莱恩,《与我的孩子们的对话》

与其惩罚孩子，不如教他们好好吵架

长期以来，孩子们总是因为吵架而受到家长的严厉惩罚。

现代教育学依然延续这样的思想，认为孩童时期的争吵是令人不愉快的，强调孩子们之间应当通过合作、协调矛盾，从而达到和谐相处。

大人在面对孩子们的冲突和争端时，主要扮演寻找过错方的角色，并努力让孩子认识到自己的错误。但恰恰是这种看似"公平"的方式——惩罚犯错的孩子、保护被欺负的孩子，严重阻碍了新的、更有效的、更尊重孩子需求的教育方法的形成。

是时候打破这些陈旧的规则了。

二十年来，我一直致力于通过不同的实践来研究如何改善这一现状。如果家长们能采用本书所介绍的方法，孩子们就能独立自主地解决他们之间的冲突和争端，而不需要一而再、再而三地央求家长帮助他们处理问题。我和卡特莉娜·迪·齐奥一起进行了一项实验，参加实验的家长们反馈：我们用来解决孩子们冲突的新方法是行之有效的，并不是空想或假设[2]。

一旦运用了这种新方法，家长们会发现，争吵对于孩子们来说其实是有益的。他们可以学会自信、独立自主地处理人际关系，并认识到可以从不同的视角去看待问题，特别是了解到生活中并不是只有自己的观点才是正确的。在和小伙伴相处的过程中，最重要的是如何发挥自己的聪明才智，找到大家共同的兴趣点。

青少年发展心理学研究结果指出，孩子们完全有能力处理好和伙伴之间的冲突和争端。但至今为止，研究成果并没有付诸实践。本书中，我介绍给大家的这种基于苏格拉底助产术教育原则的新方法，将会填补这一空白。我将这一方法称为"好好吵架法"。

如果家长们能够认真地按照步骤实施这一方法，就不再需要在日常生活中去调解或者化解孩子们之间看似无穷无尽的冲突和争端，特别是对于那些有两个或两个以上孩子的家庭来说，将大大减轻家长们的担忧。家长干预孩子们之间的冲突，只会导致孩子的过度依赖。每当遇到冲突，孩子们就期待着爸爸或妈妈来帮助他们，而不是独立自主地去处理争端、解决问题。

为了更好地帮助和指导家长，我将通过具体的实例来阐明我的观点。

米莱娜 / 克里斯蒂娜（7岁）和路易吉（3岁）的妈妈

傍晚时分，我把孩子们分别从保姆那里和托管学校接回家。

我和克里斯蒂娜说好了，让她先洗澡，我去做晚餐，等我把肉炖上，再给弟弟路易吉洗澡。路易吉在桌上看到了一本儿童画册（其实是一本更适合克里斯蒂娜年龄的画册），就开始专心致志地翻看起来。画册中有一页有很多汽车图案，正是路易吉最喜欢的东西。脱得光溜溜的克里斯蒂娜本来正准备去洗澡，看到这一幕，也凑过来想要看一眼画册，但是弟弟强烈反对,坚决不给姐姐看。克里斯蒂娜提议一起看,路易吉还是不同意。这时,姐姐开始变得焦躁,并动手去抢画册。不到一分钟,两个人就叫喊着厮打起来。我赶紧过来,想要说服弟弟,但是弟弟非常坚决,就是不同意让姐姐看。我又安慰克里斯蒂娜,批评弟弟自私,然后劝她先去洗澡,等弟弟洗澡的时候,她就可以安心看画册了。克里斯蒂娜也不接受我的劝说,反而哭闹起来。我只好把画册没收,谁都不许看。

直到这一刻,路易吉才冷静下来。克里斯蒂娜躺在沙发上,拒绝去洗澡。最后,我只能带着他们两个一起去洗澡。姐姐流着眼泪,觉得自己受到了不公正的待遇。

显然,米莱娜的干预是完全无效的。然而,很多家长都会在她身上看到自己的影子,他们常常采用这类"自创式"方法,希望孩子们能够在争吵之后尽快恢复平静,却总是事与愿违,发现孩子对自己的要求充耳不闻。

下面,我们具体来看看米莱娜的哪些步骤是无效的:

妈妈想要说服弟弟做个"好孩子",和姐姐分享画册。	无效
妈妈建议姐姐等一会儿再去看画册。	无效
指责弟弟太自私,并承认姐姐是有道理的。	无效
没收画册:弟弟恢复平静(但事实上他根本看不懂画册,他的吵闹只是他表达不满的方式),姐姐则因为自己受到不公平的对待而哭泣。	无效

家长们绞尽脑汁想要尽量减少孩子们之间的争吵，并希望孩子们能互相爱护，学会分享。好好吵架法正是为了帮助家长摆脱这样的困境，并教会孩子自信、勇敢地处理和伙伴们的冲突和争端。

具体的步骤，我们会在本书第 6 章进行详细的分析和解释。现在我们回到米莱娜的问题，看看这一方法如何帮助她解决孩子们的冲突。

好好吵架法

◇ 退后两步 ◇

1. 不要试图寻找过错方。
妈妈不要卷入孩子们的冲突：不要指出谁错了，更不要说谁是对的或谁有道理。

2. 不要给孩子们提供解决冲突的方案。
妈妈要避免给出解决问题的办法，不要在孩子们争吵的时候给建议。

◇ 前进两步 ◇

1. 让孩子们自己说说为什么吵架。
妈妈可以让孩子们暂时先不洗澡，然后专心地对待引发争吵的问题。让孩子们在一个安静的环境里，轮流说说事情发生的经过。

姐姐克里斯蒂娜可能会对弟弟说："我只是想要看一眼画册，再说了你都根本看不懂。"

弟弟会说:"你把画册抢走,我不高兴……"

姐姐接着说:"我很喜欢那本画册,你不让我看是不对的。再说我又没对你做什么。"

弟弟反驳:"就因为你比我大,你就什么都想要!"

2. 帮助他们找到一个解决冲突的方法。
妈妈要让孩子们认识到可以自己找到解决冲突的方法:"我给你们五分钟的商量时间,然后告诉我,你们决定怎么办。"说完这些话,米莱娜就返回厨房。等她再回来的时候,孩子们告诉她,已经找到了解决的方法。

妈妈问:"你们怎么决定的?"

姐姐说:"等看到有汽车图案的地方,我就让路易吉看一会儿,然后他再还给我,而且不能再问我要了。"妈妈满意地返回厨房。孩子们在晚餐前顺利完成洗澡的任务。

好好吵架有利于孩子们的成长

此时此刻正在阅读此书的家长们应该感到非常骄傲和自豪,因为我们正在寻找一条帮助孩子们更好地成长的道路。

如果我们学会了如何面对并处理孩子们之间的冲突,他们会逐渐形成以下意识：

- 冲突虽然难以避免，却可以面对；
- 在争吵中，了解对方的观点很重要，这可以帮助我们更全面地看问题；
- 我们可以通过力量获得尊重，却不能使用暴力来伤害他人；
- 学会通过对话解决冲突，要比不惜一切代价取得胜利更加重要；
- 所有问题总有解决方法；
- 朋友之间也会有意见不合的时候，相反，真正的朋友要坦诚告诉对方自己的想法；
- 妥协并不代表失败，很多时候这是达成双方一致的必经之路；
- 在和同龄人的争吵中，孩子要比大人更善于解决问题。

好好吵架可以让家长更轻松

好好吵架法不仅可以让孩子们从中受益，对于家长也是好处多多：

- 孩子一旦掌握了自主处理冲突的能力，就不会再频繁地请求家长的帮助；
- 孩子一旦学会了正确处理冲突和争端，家庭氛围会更加轻松；

- 家长不再需要想方设法去使孩子保持冷静，而是可以清楚明了地引导他们解决问题；
- 当孩子发现家长的改变和家长有效解决问题的能力后，会重新认识并更加尊重他们。

现在开始我们的旅程吧。要想到达目的地，首先需要了解问题的起源，将我们从那些过时的、传统的教育方法中解脱出来。特别重要的是，我们需要认识到吵架和暴力是有本质区别的，争吵是儿童关系中基本的需求和赖以生存的方式。

实战练习

观察孩子们的争吵

孩子们经常吵架。心理学家通过实验发现,一个小时之内,孩子们争吵的次数多达数十次。现在我们要先学会观察,而不是急于干预。这样有利于我们了解孩子们之间的相处规律,尊重孩子们发生争吵的自然属性,并学会区分这些争吵的类型。

本练习旨在帮助家长们通过了解孩子们争吵的具体次数,获得了解孩子们交际规律的途径。

你观察到了多少次发生在你的孩子们之间的或者是你的孩子和其他小伙伴之间的争吵?争吵的内容是什么?

一小时之内:_____
争吵内容:_____

两小时之内:_____
争吵内容:_____

一个下午之内:_____
争吵内容:_____

> **实战练习**

一天之内：_____
争吵内容：_____

日期：_____

在采用我们的新方法后，过一个月再来一次这样的观察，看一看孩子们争吵的次数是不是减少了。

一个月后：_____

Part 2
第二部分

为什么需要好好吵架法？

第 2 章

寻找问题的根源

——为什么孩子们的争吵会让家长感到困扰？

> 今天早上，吉尼亚想要托比的东西，但是托比不愿意。
>
> 因此，吉尼亚靠近托比，抱住他说：
>
> "亲爱的托比，可爱的托比，求求你了，给我吧！"
>
> 托比仍然不同意："不，我就不给。"
>
> 吉尼亚再次靠过来，生气地咬了托比一口，并对他说：
>
> "你这个坏家伙，你太讨厌了，我恨你！"结果，托比就妥协了。[1]
>
> ——简·邓恩，《凡妮莎和维尔吉尼娅》

教育孩子，意味着也要教会他们好好吵架

毫无疑问，对于家长来说，找到与孩子和谐相处的方法并不总是很容易。首先就是要保持距离：和自己的情绪保持距离，和自己的亲身经历保持距离，和孩子们保持距离。

每一位家长都倾注了无数心血在孩子身上，他们希望自己的孩子能接受更好的教育，也希望自己在各方面都能做到最好。但是在处理孩子们的争吵的问题上，他们却总是苦于找不到有效的解决方法。

孩子们在经历了几个世纪的压制之后，如今在家庭中的角色完全颠倒了过来。当代家长们所要面对的，是一种全新的亲子关系：从传统的家长专制型，转向了孩子至上型。家长们希望尽可能地避免自己的孩子受到伤害，同时也为自己疗伤。因此，他们努力做到善解人意、体贴入微、善于沟通。这些品质对于亲子关系至关重要，但也许是因为家长们过于关注，反而走向另一个极端。就好像一个特别爱护花草的园丁，为了照顾好花花草草，每个小时都要去浇水、施肥一样。

作为家长学校[2]的负责人，我和家长们开展了很多与该主题相关的课程[3]，目的就是要帮助这些新手爸妈找到和孩子们相处的合适距离，找到处理亲子关系的合适方法。因为没有合适的距离和方法，在家庭中就很难开展有效的教育和沟通，而且特别容易造成家庭教育中的混乱。

比如，"分床睡"问题：因为各种各样的原因，孩子

们不愿意自己单独去睡，导致家长的床被孩子们所侵占。我一直强调，如果孩子们到 7 岁时仍然睡在父母的床上，容易导致亲子角色产生混淆。因此，和孩子保持合适的距离很有必要。

同样的问题也适用于孩子们的争吵。面对争吵，家长无外乎有以下情绪：一方面担心孩子们互相伤害，另一方面又要体现出家长的作用，比如：能够预见某些危险并化解它们，同时帮助孩子们和谐友爱地相处。

在很多家庭中，妈妈通常是陪伴孩子时间最长的角色。那种甘愿牺牲自己、全身心教养孩子的妈妈，很可能无法承受孩子对自己的不认可，也无法接受孩子表现得那么无理、讨厌甚至是折磨人。这一矛盾强化了家长要赶快干预孩子们争吵的想法。他们花费大量时间来处理孩子们的争吵，好像孩子们之间的推打、争吵和辱骂，已经不仅仅是他们之间的冲突和争端了，而演变成了对可怜的爸爸妈妈的煎熬和折磨。这样一来，家长愈发觉得有必要赶紧出手，从而显示出自己的重要性。

不做孩子的"自动提款机"

家长的不断干预还可能引发另一个问题：每当孩子们发生冲突，就迫不及待地向父母寻求帮助。

在一个实验游戏中，我们发现：孩子们特别擅长引起家长的关注，他们似乎和父母有心电感应，知道哪些事能够成功引起父母情绪和心理上的强烈波动。

伦敦大学著名心理学教授朱迪·邓恩专注于研究儿童之间（主要是兄弟姐妹之间）的社会交际能力。在《社交能力的诞生》一书中，她通过一系列实验，向我们展示了儿童社交的有趣数据：

> 孩子们在争吵中的表现不仅展现出他们有鉴别自己不喜欢的事物的能力，同时也意味着他们知道什么样的行为在家庭中是会受到批评和责备的。家长的价值观或建立的规则通常是兄弟姐妹之间引发争吵的主要原因。为了避免因争吵而受到惩罚，孩子们很快学会了向家长寻求帮助。争吵双方究竟谁会先去向家长求助，通常取决于是谁先发起了"武力攻击"或者先引发了冲突……简言之，这种先于家长干预而进行求助的行为并不需要太复杂的理解能力……但面对自己或他人的行为，孩子们试图从家长那里获得帮助恰恰证明了他们有能力意识到什么样的行为是不合适的。[4]

从某个层面来看，这种关注亲子情感的新家庭模式，摆脱了传统家庭中父亲扮演整个家庭主人的角色，而母亲也总是站在孩子的对立面的局面。但是从另一个层面来看，在新的家庭模式下，孩子们无休止地斗嘴、争吵，不停地需要来自家长的干预调解，让父母俨然变成了一台"自动取款机"。

长此以往，家长的干预将严重阻碍孩子自尊、自信的发展，还会影响孩子在人际交往中面对挫折和失败的能力。

因此，家长要学会暂时从争端中抽离出来。否则，他们很快就会超越自己的忍耐极限，并做出一些本能的反应，比如吼叫、打骂孩子，但这其实只是因为孩子们的争吵触动了家长藏在童年记忆深处的痛苦按键。

好好吵架法　准备步骤1：面对孩子们的争吵，家长先放下手中的事情，放下对孩子的担忧，进入一种情绪准备状态，这样才能更加理性地分析问题。

"我一直都不想像我的父母对待我那样去对待我自己的孩子，但是每次我都失败了。面对孩子，我常怀有深深的负罪感，我竟然让自己的痛苦经历在孩子身上重演了。"面对这样的情况，我想要给大家讲述一段我的亲身经历。

在一次家长培训课程上，我对一组家长进行了访谈，受访家长通过自我介绍的方式讲述他们的成长经历。其中有一位妈妈，带着自己3岁的儿子一起来上课。关于如何倾听孩子诉求的主题，她发表了长长的论述，同时还指出，自己的父母从来就不善于倾听她的需求，也不接受她的表现。话音未落，她3岁的儿子突然当着众人的面吵闹起来，这位妈妈想尽一切办法安抚儿子，但都没有效果。情急之下，她给了孩子两个耳光。此时的她已经完全忘记了自己刚刚说过的话，也忘记了自己从小经历的痛苦，只好尴尬地带着孩子离开了。

◆ ◆ ◆

妈妈：孩子们之间争吵的主要受害者

罗莱达纳

我总是和比我大三岁的姐姐一起玩，我们总是吵架，每次都会演变成一场拳打脚踢。我小时候特别怕黑，姐姐也很清楚这一点。记得8岁时的一天，我正站在家里走廊的尽头，姐姐突然把灯关了，并发出奇怪的声音："呜呜巴巴！"我害怕极了，拼命想要赶紧跑到客厅，她却故意关上门不让我进来。我气急了，使出浑身力气拍打房门，结果把玻璃打碎了，我也受了伤。爸爸妈妈十分生气，不问缘由就开始责骂我们，并取消了那一年的圣诞礼物作为惩罚。

这是一个已经成了妈妈的女孩对自己童年时和姐姐争吵经历的回忆。显而易见，在过去，孩子们的争吵也给父母带来了很大的困扰。几乎所有父母都表示，孩子们之间的争吵会带来烦扰，会让他们变得紧张；而且他们要花时间和精力处理这些争吵；争吵有时还会带来危险。但正如上文所提到的，今时今日，家长的角色也正在经历着巨变：来自时代的、历史的、社会的因素，都影响着家长如何面对孩子们之间的争吵。当然，也许今天不会再有家长以取消礼物的方式来惩罚自己的孩子，但我们不得不承认，孩子们之间的争吵仍然困扰着当代的家长。

孩子们无休无止的争吵，主要困扰的是妈妈。相对而言，爸爸在家的时间较短，所以面对孩子们争吵的情况相对少很多，也不会那么焦虑和生气，特别是看到孩子们互相挑衅、叫喊，你追我打时血压飙升的情况，要比妈妈们少得多。

孩子们之间的争吵会让家庭气氛变得紧张，特别是兄弟、姐妹之间无休无止地吵闹时，情况会更糟糕。

马拉 / 两个孩子的妈妈，大的9岁，小的5岁

我有两个特别爱吵架的儿子，拌嘴似乎就是他们日常的相处方式。这给我造成了巨大的压力。我在处理他们的争吵时，完全没有什么有效的方法：从一开始的动之以情、晓之以理的说教、安抚，到发了疯似的吼叫，我都不认识自己了。运用何种处理问题的方式，完全取决于当天我的精力状态以及他们的争吵频率。比如说他们只吵了一次架，那么我可以很有耐心地去处理，但是如果是几个小时内的第十次吵架，我可就没那么有耐心了。此外，我的两个儿子都是行动派，两个人争吵的时候是真的会打起来。我实在受不了他们这样的相处模式，我太累了。我完全没有自己的时间，所有精力都消耗在他们身上，让我一刻不得安宁，更不用说和丈夫过

什么二人世界了。

孩子是世界上最会察言观色的生物，他们能准确地捕捉他人的情绪和情感，也能够强烈地感知到自己的争吵会让父母感到困扰。

卡拉告诉我，她的大儿子卢卡会时不时地警告妹妹："好了，我们别吵了，妈妈生气了，就不给我们做晚餐了。"他会建议妹妹暂时"休战"，以免惹怒已经有点绝望的妈妈。

不难看出，妈妈是孩子们之间争吵的主要"受害者"。看着孩子们无休无止地争吵，妈妈会感觉被生活压得喘不过气，仿佛总是被一种噪声包围着，整个家庭的重心都被迫转移到孩子身上。

罗萨娜 / 一个 6 岁女孩和一个 4 岁男孩的妈妈

我每天下班回到家，总希望能和孩子们待在一起好好玩一会儿，做什么都行，哪怕只是一起做顿晚餐。但我总是不停地因为他们的争吵而分心。他们一吵起来，我就得想办法安抚这个或者那个。

罗萨娜是独生女，没有和兄弟或是姐妹争吵的经历。因此，当孩子们发生争吵时，她感到巨大的压力，不停地想要寻找片刻的安静，或是和丈夫独处的空间。但除非看到妈妈正处在情绪崩溃的边缘，孩子们通常情况下是不会让妈妈如愿以偿的。

萨拉的情况与罗萨娜完全不同,她不是独生女,而是三兄妹中的老三。但她在成为母亲之后,所面对的情况却和罗萨娜如出一辙。

萨拉 / 一个7岁男孩和一个3岁女孩的妈妈

哥哥总是先招惹妹妹。妹妹就来找我告状,让我帮助她。我想置身事外,但每当两个人开始厮打起来的时候,我就忍不住了。我觉得他们是故意这么做以引起我的关注,因为我不在家的时候,他们几乎不吵架。

这样一来,萨拉总是觉得自己有必要去干预孩子们的争吵。因为在她看来,哥哥真的有可能会伤到妹妹,所以她必须出手去保护弱小而又随时可能受到威胁的妹妹。萨拉甚至辞掉了工作,就为了能在家里好好照顾孩子们。

但她的付出和牺牲并没有带来她所期待的结果。家里的气氛越来越紧张,她的丈夫甚至告诉她,当孩子们和爸爸在一起的时候,就像有魔法一样不再争吵了。

魔法肯定是不存在的。事实上,萨拉对于女儿有着一种复杂的情感,这要从女儿还很小的时候说起。在她还不满1岁的时候,医生就诊断说她对某些食物过敏,而这一症状会严重影响女儿的健康。从那时起,萨拉就仔细研究各种食谱,为女儿制作专门的饮食,并时刻陪在女儿身边。

渐渐地，女儿成了一个需要不断呵护和保护的对象，因为她太脆弱了。

萨拉也认识到这一问题，女儿的食物过敏症导致她的精神高度紧张。每当看到女儿和哥哥发生口角，她就要出手保护女儿，虽然多数情况并不需要她的干预。虽然很可能是女儿先挑起争端，但萨拉就是控制不住要去责备哥哥。而且她也很清楚，女儿的食物过敏问题和兄妹之间的争吵并无直接联系，但她就是无法改变。

◆ ◆ ◆

痛苦按键：你的困扰和崩溃来自内心而非孩子

不得不承认，争吵中的孩子的确很令人心烦。尤其是正在洗澡的时候，准备上床睡觉的时候，要出门去学校的时候，要写作业的时候，或者正有急事的时候，争吵就开始了。"他说我……""他把我……""别吵了，去找妈妈！"……妈妈们很难在面对这些争吵的时候保持冷静，她们觉得自己必须做点什么，帮助孩子们解决问题，或者是帮他们疗伤——总之做一些能够展示妈妈价值的事情。但这样做的代价也是巨大的，妈妈们有种被掏空了的感觉："我受够了，拜托你们停下来吧！我累了。"

> 面对孩子们的争吵，
> 家长的情绪崩溃点取决于其自身的生活经历，
> 特别是童年的经历，而且每个人都各不相同。

孩子们的某些表现，有时会像电流一样自动触发一些行为反应，特别是当这些表现和我们记忆中的某些经历重合的时候。

正如法国心理学家及心理治疗师伊莎贝尔·菲利奥扎特所描述的：

> 我们必须承认，孩子和父母的需求往往是互相矛盾的。绝大多数父母喜欢干净整洁的房间，赞赏不吵不闹、讲文明、懂礼貌且能保持冷静的孩子。但与之相反，房间越不整洁，孩子们就越自得其乐，他们喜欢制造出各种各样的噪声，特别喜欢在不用上学的节假日早早起床，等到了上学的日子，却又赖在床上不肯起来！[5]

伊莎贝尔·菲利奥扎特的话提醒我们，成人的世界和孩子的世界是完全不同的，特别是在情绪方面，孩子和成人采用的是完全不同的代码。每一位家长的内心都有一个情绪按钮，如果争吵中的孩子触碰了这个按钮，就很有可能导致家长情绪失控，甚至崩溃。这就导致家长并不考虑孩子是否真的需要，或者说自己是不是真的能帮助到孩子，却总是要干预孩子们的争吵。

我把这个按钮称为"痛苦按键"[6]。痛苦按键存在于我们的内心深处，与我们童年时的痛苦经历紧密相连。这些经历被封存在我们的记忆当中，它会让我们的心理和情绪异常紧张，即使过了很久依旧能给我们带来伤痛的感觉，而我们却几乎感觉不到它的存在。但在特殊的情境下，这种痛苦会被激活，比如看到孩子们的争吵，会让我们联想到自己童年的经历。

这里所说的伤痛并不是指外力造成的肢体伤害。肢体上的疤痕会消失，而且并不会在我们的记忆中留下太多的痕迹。而痛苦按键却可以依附于我们有意识的记忆，能够引发我们各种各样的情绪。痛苦按键被放置在我们内心的痛苦区域，我们可以讲述这些痛苦经历以证明它们的存在。痛苦按键代表很多情绪：被抛弃和不被接纳的感受、对鬼魂的害怕、嫉妒、得不到认可又或是在童年时期缺乏交流和沟通的感觉……这些情绪在特殊情境之下就会被唤醒。

这里有一个关于痛苦按键的例子，可以很好地证明，孩子们的争吵能唤醒家长在童年时不被接纳的痛苦回忆。

露琪亚娜

我是三个孩子的妈妈。我有两个兄弟，小时候他们总是不肯让我和他们一起玩。我试了很多次，但是他们总是说我太小了，他们玩的都是大孩子的游戏，不适合我。我找妈妈告状，但她对此毫不在意，要不然就告诉我别去惹事，或者让我自己去玩布娃娃。

这种不被接纳的感觉并没有随着时间的流逝而被遗忘。恰恰是自己童年的亲身经历，使得她对于孩子们的争吵特别在意。因此，每当哥哥不带着弟弟妹妹玩时，露琪亚娜内心的警报就响了起来，她身不由己地要去干预，正是因为她想要通过调解孩子们的争吵来治疗自己内心的伤痛。

艾莱奥诺拉 / 一个8岁男孩和一个6岁女孩的妈妈

我们兄弟姐妹一共七个，我是最小的。小时候，每天晚上大家都要坐在沙发上看电视，但每次我都占不到位子，甚至连靠在沙发上都不可能。在沙发上占位子对于我来说就好像一场战斗一样，但我从没有获胜过。哥哥姐姐们对我拳打脚踢，把我从沙发上赶走。

因为我年龄最小，每次都输，所以我很难过，总是伤心流泪。为什么总是没有我的位子？爸爸妈妈从来不管我们，当我为此而伤心难过时，妈妈也从不会安慰我。

当艾莱奥诺拉成为妈妈后，每当看到自己的孩子们拳打脚踢争夺某个东西时，她就不自主地想到了自己小时候争抢沙发位子的痛苦经历。童年的经历在她心中留下了一个痛苦按键，只要被触碰，就会感到痛苦。对于艾莱奥诺拉来说，制止孩子们的争吵是唯一的止痛方法。

尤其在自己特别累、压力特别大的时候，家长很容易被激怒，从而变得焦虑和具有侵略性，或者引发其他不受控的情绪。这些情绪和他们过去的痛苦经历紧密相关，而这些过往的经历时至今日仍在影响着他们。[7]

痛苦按键很好地解释了我们在面对孩子们的争吵（或者宽泛地说，任何一种形式的争吵）和冲突时，我们的反应其实是非常主观的。

痛苦按键让我们注意到，吵架有一个非常重要的特性：**个人容忍度**。每个人的情绪容忍度都是不同的，一对父母的情绪容忍度也各不相同。孩子们的某些举动，在妈妈眼里是争吵，但在爸爸眼里可能根本就不是什么大事情，甚至是正常的行为。

就像之前提到的萨拉的例子，她的丈夫就明确地告诉萨拉，孩子们和爸爸在一起的时候，根本不吵架。显然，萨拉的感受源于童年的亲身经历，而丈夫并没有她这样的感受，因此他觉得孩子们的行为是正常的。当然，也有可能他在童年也有类似的经历，但并没有留下痛苦的回忆。

但不容置疑的是，事情一旦超越了家长的忍耐极限，就会变得更糟。

在这种情况下，家长的吼叫声、叫骂声此起彼伏，甚至很有可能要动手了：为了阻止孩子们叫喊，只得捂住他们的嘴巴，为了不让他们不停地打闹，只得按住他们的手。而这些行为，正是那些错误时刻的错误举动。

新时代的家长：更关注孩子的幸福，而非控制孩子

新时代的家长都很新潮而且知识丰富，他们或多或少都懂一点心理学，他们经常看育儿类的电视节目，或者阅读家庭教育类书籍，家长们之间也会互相学习和交流。但他们常常有一种挫败感：为什么所做的一切都帮不到自己，反而事与愿违？

要知道，新时代的家长与之前的专制型家长相比，遇到的困难更多、更大。现代大多数家庭中不再存在那种专制的爸爸（仅仅只是一个眼神，他们就足够把孩子们吓得魂飞魄散。在这种家庭环境中成长起来的家长们，虽然摆脱了童年时父母带给自己的压迫感，但是总会有一种对父母的情感缺失，心里空荡荡的，时常会感到寂寞和空虚）。不得不说，曾经的专制型父母在处理孩子们的争吵时，似乎显得更加得心应手。只需要一个意味深长的眼神，就足以让孩子们停止争吵、保持安静，化解他们的争端。有时候只需要简单的一句话，"再吵架的话，我就告诉爸爸！"，就足以缓和孩子们之间的战争。

今天的爸爸妈妈希望自己的孩子能够幸福舒适地生活，实现自身的价值。在他们看来，童年就应该是幸福而又平静的。和谐的童年意味着孩子的诞生是被父母们所期待和期盼的，而不是像以前那样，孩子的到来对于家长来说往往是一种无奈之举。

因此，争吵的出现就像一个不折不扣的事故，毫无道理，

就不应该存在。"他们怎么总是吵架？我们这么爱自己的孩子……为什么他们就不能爱对方呢？""有时候，我的孩子会说一些很可怕的话：'要是世界上没有他就好了！'这是我女儿对她弟弟说的话。"这类过分的话，让家长们异常焦虑，他们开始担心孩子们的心理健康，同时也坚定了与生俱来的那份信念——在孩子面前，家长必须显示出应有的作用，即使不能完全消除，至少也要减少他们之间的争吵。

这种现象主要源于一种观念，即大家觉得过去的孩子们总是争吵不休，主要是因为家长对孩子太凶，孩子没有得到应得的理解和关注。然而现实问题往往更加复杂、具体和显著。面对这些过于担心、过于情绪化、过于激动的家长们，孩子们好像感觉到有必要"挑战"一下自己的父母。因此，孩子们时刻想要引起家长的关注，因为他们很清楚，爸爸妈妈没有能力理解孩子们的相处之道。而另一方面，家长希望自己对于孩子来说是重要的角色，也不希望孩子经受自己小时候的那些痛苦经历。遗憾的是，孩子们似乎感受不到父母爱的感召，也理解不了父母对他们的精心照顾。

虽然孩子们的争吵并没有造成实质性的身体伤害，但是家长们总是担心：如果打架真的受伤了怎么办，又或者长大之后身上还留着伤疤怎么办？

家里充斥着嘈杂声，似乎更像是一个体育酒吧，而不是一个充满爱和温馨的地方。

毫无效果的做法：
对孩子喊叫、分开吵闹中的双方

父母都有自己的教育理念、风格和方法，但面对孩子们的争吵，家长们通常都比较情绪化。

有的家长比较看重找出争吵的过错方。"是谁？""是谁先开始的？"，通过提这些问题来找出谁有错而谁又有道理，从而决定如何惩罚或奖励。但是，总的来说，这种解决争吵的方法并不能从本质上解决吵架所引发的情绪问题，特别是对妈妈情绪的影响。

玛莉亚有两个儿子，一个8岁，一个6岁。爸爸因为工作的原因，在家的时间不多。两个孩子经常动手打架。时不时地一个下手太重，另外一个就哭了。有一次，弟弟因为没有看到自己最喜欢的动画片，一边哭一边找妈妈帮他主持公道。玛莉亚对这些感到精疲力尽，她已经厌倦了不停地安抚这一个又安慰那一个，于是她不耐烦地对小儿子喊道："够了！别哭了！我没空管你的什么动画片！快闭嘴！不要打扰妈妈做事情……去去去，自己去玩。"

在任何一种人际交往中，大声喊叫都是一种情感脆弱的标志，代表着情绪的失控，以及对对手的恐惧、害怕和怯懦。

如果听到爸爸妈妈的喊叫，孩子首先会感受到危险，意识到大人的情绪有些失控。不仅如此，他们还会感受到自己的弱小无力。因为家长按照大人的行为准则要求孩子不要吵架、保持安静，这让孩子感到非常厌倦。因此，在家长和孩子之间会产生一种对立情绪，大家都不愿意换个角度来看问题，不愿意互相理解。

对于幼儿的教育，"喊叫"可能会有效地引起孩子的关注。但在其他情况下，大喊大叫和威胁只会让亲子关系变得更加紧张。

露琪亚 / 两个男孩的妈妈，一个8岁，一个5岁

我有三种解决孩子争吵的方法，用哪一种完全取决于我当时的情绪。

1. 我很紧张又很着急的时候（通常是早上在电梯里，或者是晚上很累的时候）：我会暴跳如雷，吼叫着解决他们的争吵。25%的情况如此。

2. 我很平静的时候：我就让他们在那里争吵。如果他们向我寻求帮助，我还是会保持距离，因为这是他们的事情，我并不想过多干涉。但是如果弟弟哭了，我会来安慰他。45%的情况如此。

3. 我还算平静的时候：我还是让他们继续吵，但为了不让情况变糟糕，我会看情况进行调解。30%的情况如此。

哥哥和弟弟的争吵绝大多数是由弟弟引起的，他不停地用语言和肢体招惹哥哥，哥哥受不了就开始揍弟弟。而我通常都是大喊大叫责备哥哥，因为他动了手，但其实都是弟弟先动手的。我尝试把两个人分开，但过不了多久，弟弟就又过来继续

招惹哥哥。哥哥对弟弟的忍耐程度越来越低，虽然他也有意识地想要和弟弟保持距离，但是在弟弟挑衅的时候，哥哥也做不到视而不见。

为了让兄弟俩保持距离，露琪亚忙得不可开交。采用这一策略来平息争吵的家庭不在少数。我认识的很多家长甚至不惜搬家，就为了让每个孩子拥有一间自己的房间，希望这样能够让孩子们不争吵或减少争吵。但这其实是一种既劳命又伤财的"战术"。正如露琪亚所说，让孩子们保持距离在减少争吵方面其实并没有太大效果。兄弟或者姐妹之间的那种与生俱来的亲情会召唤彼此，因此家长们的计划和策略都难以生效。

在童年时期，兄弟姐妹虽然年龄有差异，但都很自然地寻求与彼此持续的接触。对于经常去公园玩耍的小伙伴，也是同样的道理。这是一种人类通过近距离互相模仿，从而达到人际交往的自然属性，是人的生理属性。正如动物行为学家所说，小狗之间通过打闹的方式学习生存的技能，这正是它们的自然属性。

家长 5 种常见的错误策略

面对孩子们的争吵，下面是一些家长经常采用的策略，它们被广泛使用，却收效甚微。这些方法主要有：说教法、扮可怜法、设置规则法、暂停法、提醒法。

排名在首位的是所谓的说教法："你必须知道……"说教型家长认为自己的孩子有能力认识和了解对与错,所以他们经常说这句话。

这种解决争吵的策略主要采用的是对话的方式,可能在孩子2岁的时候就开始了,比较普遍应用在4～6岁的儿童身上。采用这一策略的父母都坚信:只要好好给孩子们解释,他们就能够区分什么是对的,什么是错的。因此,这种类型的父母会说:"我昨天已经告诉你了,但是你为什么总是要抢弟弟的玩具呢?"又或是:"姐姐在学习,你不要打扰她。要知道学习是非常重要的事情……"在此基础上,父母还会长篇大论地给孩子们讲道理。孩子们可以从字面上简单地理解这些话的内容,但是从情绪层面上,他们依旧难以控制自己。因此,当7岁的姐姐做作业时,3岁的弟弟仍然会去打扰姐姐。在9岁之前,人类的原始冲动更加强烈,能战胜所有来自父母的说教。

> 对于低龄儿童,说教几乎没有用。
> 从儿童认知心理、生理、情绪发展的角度来说,
> 让孩子独立地学习和认知,才更加符合他们的需求。

另一种相当普遍的家长策略,就是所谓扮可怜法:"你看,你把弟弟弄哭了……""你们再继续吵架,继续互相伤害,妈妈会很难过的。""好了,你们都乖一点,互相拥抱一下,

握握手好朋友。"当然还少不了经典的结尾："你们是亲兄弟，要互相爱护！"

这些话是有其历史渊源的，通常情况下我们会从奶奶的嘴里听到。不可忽视的是，现代家庭也还是受到传统大家庭的思想观念的影响。

> 家长们所期盼的那种兄弟姐妹之间的和谐，
> 完全建立在一种错误的认知基础上，
> 他们认为好的人际关系不应该出现争吵。

只要有人际交往，就必然会有冲突。不吵不闹、每天都相亲相爱的兄弟姐妹几乎是不存在的。如果有，一定是隐藏了什么问题，因为这样的相处方式不符合孩子们在童年时相处的自然规则。

父母最常使用的第三种方法，就是设置规则法：只要爸爸在家，解决孩子们的争吵就是他的任务了。但爸爸的解决方式比较特别，几乎是"经理式"的。爸爸会滔滔不绝，从各个层面给孩子解释每一种争吵所适用的规则："如果她揪你的头发，你要告诉她不可以动你的头发。所以，我们就立下这个规定——可以吵架，但是不许互相揪头发。"又或者是："你可以拿哥哥的玩具，但只能玩一分钟就要还给哥哥。不然的话，哥哥有权利拿回自己的玩具，甚至是用抢的方式。"甚至于有些爸爸会提出一些令人啼笑皆非的规则："就是因为弟弟小，所以他可以坐在妈妈旁边吃饭。但是也不能总是让着他，你们轮流吧，一人五分钟，这样你们就都可以开心地挨着妈妈了！"爸爸们还总是以极其具体的规则结束他的讲话："当有人上厕所的时候，另外一个人就在门外耐心等待。"

> 设置一系列过于细致的规则，不仅会让孩子们迅速忘掉争吵的原因，也会让他们忘记规则，因此不可避免地在未来继续争吵。

第四种父母很喜欢使用的方法，就是暂停法。

标准的操作方式是让孩子单独坐在椅子上暂停一段时间，但有家长的陪伴。暂停的时间取决于孩子的年龄：3岁大概就是3分钟，5岁大概5分钟，以此类推。这个方法似乎起源于美国，但很快风靡全世界。采用这种方法的家长坚信让孩子们单独待在一个角落、一个房间或者坐在一把椅子上，可以帮助他们从争吵的氛围中抽离出来。这么做的目的在于让孩子们反思。

"你现在一个人待在这里，什么也不要干，好好想一想你刚做的事情，想清楚了再去玩。""10分钟以后我再回来，你再告诉我你是不是冷静了，还有你明白了什么。"家长们经常对低龄儿童（有时也会对7~8岁的孩子）讲类似的话，但其实并没有什么效果。

这一方法同样源于对儿童成长规律的误解：家长认为通过一段"疗伤"时间，孩子们就可以认清事物的本质。其实，这是一种童年时期不可能具有的能力。这就类似于我们要求一个孩子拥有自省的能力，认清自己的某些行为举止会导致某种交际后果，这对于孩子来说是不可能的。

> 暂停法对于孩子来说，就只是一种来自家长的惩罚而已，并不会真正促使孩子做出改变。

最后一种家长常用的方法，我个人觉得还挺特别的，就是<u>提醒法</u>。

单纯就这个方法本身来说是没有问题的，在一定程度上它还很受孩子们喜爱，但问题在于，这个方法高估了孩子控制自己情绪的能力。

这个方法需要父母在家里一些重点区域贴上警示条，告诉孩子们该做什么和不该做什么，当然也包含"不能争吵"在内。在浴室里，会有提示孩子们"洗澡时不要玩水"的纸条；在卧室里，会有提醒孩子们"不要吵架"的纸条或图画："不要打架""不要大喊大叫""不要抢哥哥或姐姐正在玩的玩具"等。这种方法在最初的几天可能会短暂地显示出成效，但是它对孩子的自控力有很高的要求，而忽略了童年的行为倾向源于极其强烈的内在动机，或者说很大程度上是由情绪所影响。而这些情绪对于孩子来说是难以控制的。因此，即使孩子一开始承诺会遵守规则，也往往难以长久地坚持。

> 写在纸条上的规则，不太可能对孩子的争吵行为产生真正和持久的威慑作用。

以上列举这些没有效果的家长策略，正是为了让家长在面对孩子们的争吵时不再无可奈何，只用老办法来处理，而是能走出误区，摆脱困境，探索出一条新的、更有效的路。

好好吵架法　准备步骤2：带着问题去面对孩子们的争吵，而不是急于给出答案。

> 实战练习

你对哪种争吵原因更加敏感?

不同原因的争吵带给每位家长的感受也不尽相同。区分争吵的原因,可以帮助家长在看到孩子们重复不断地争吵时更好地控制自己的情绪,找到哪些是最容易惹怒自己、让自己受伤的争吵原因,认清到底是什么让自己的情绪变得激动和紧张。

以下练习可以帮助你探索和发现自己在面对孩子争吵时的忍耐程度。你也可以跟你的丈夫或者妻子一起做这个练习,并分享练习结果。

观察孩子们的争吵。他们到底因为什么在争吵?
- ☐ 因为玩具或者其他东西
- ☐ 因为想要和爸爸或者妈妈玩
- ☐ 因为想要使用某个东西
- ☐ 因为有人必须要做某件事情
- ☐ 因为有人想要当第一名
- ☐ 因为有人想要待在某个地方
- ☐ 因为想要和其他人玩

实战练习

以上哪些争吵原因会让你变得特别紧张和激动？

写下你的想法。

和你的丈夫或者妻子聊一聊这个问题，问问对方的意见。

第 3 章

好孩子不吵架？

——为什么要摆脱以往那些无效的方法？

> 那些坏小子中的一个拿起书瞄准了匹诺曹的头，
> 使出了浑身力气砸向他，结果没有打到匹诺曹，
> 却砸到了另外一个同学的头上。这个同学立刻变得脸色苍白，
> 嘴里叫喊着："妈妈，快救救我！我快不行了！"
> 说完就昏倒在沙滩上。看到这样的场景，孩子们四散而逃，
> 瞬间就不见了踪影。但是匹诺曹仍然留在原地，
> 可能是被刚才的一幕吓到了，也可能是对躺在地上的同伴的痛苦
> 感同身受，他赶紧把手帕在海水中浸湿，搭在同伴的额头上。[1]
> ——卡洛·科洛迪，《匹诺曹》

孩子们的争吵需要被纠正吗？

我当时上小学一年级。我的小学位于家乡皮亚琴察人口最密集的一个区。我们班的孩子十分活泼好动，我也是其中之一。

有一天，不记得是什么原因，我们班主任要离开几分钟。临走前，她任命了一个同学来暂时看管班级，维持纪律，并交代他：如果有同学表现不好，就把他的名字记在黑板上。

班主任刚一离开，我就和那位被任命的同学发生了激烈的争执，因为我想尽一切办法要阻止他在黑板上记下我的名字。就在我们吵得不可开交的时候，班主任回来了，而我也因为违抗老师的指示受到了惩罚：被老师遣送回家，并因为吵架被停课一天。

其实我并不太在意这样的惩罚，我只是担心要给妈妈讲述这件事情的详细经过，因为妈妈主要负责监督我的学习。

通常，我那个年纪的小孩除了生病，也没有其他更好的方法躲避惩罚。结果那天我刚一到家，就高烧38℃，妈妈也不忍心再责备我了。她让我上床休息，第二天我也因为生病不用去上学。被停课一天的惩罚就这样变成了一件正常而又普通的事情。

但我心里非常清楚：我才刚上小学一年级，就因为吵架而被停课一天。

这是我关于童年时期吵架的最初记忆。当然，在漫长的童年时期，在和朋友们、同学们在学校、社区、街道、足球场上一起度过的快乐时光里，自然少不了无数的争吵。有些甚至是十分激烈的争吵，双方剑拔弩张，势不两立。在我们争吵时，有时候会有大人旁观，有时候没有。但只要大人来进行调解，他们的做法和我小学一年级的班主任并没有太大差别：孩子们的争吵都是不对的，必须要受到惩罚，谁都不例外。

因此，关于这个问题我算是经验丰富，正是这些亲身经历促使我写下这本书，也是我一直致力于找到能更好地解决争吵的方法的重要原因。

如今，教育领域已经发生了翻天覆地的变化。比如，在家庭中，父亲也承担了部分母亲的角色；在学校里，家长更多地站在孩子一边，而不是老师那边。但是关于孩子们的争吵，家长们却保持着可怕的一贯性。时代在改变，纠正孩子们的方式和方法也发生了改变，但是这种"要去纠正孩子"的想法，自始至终都在亲子关系中延续。

> 尽管家庭教育发生了深刻的变革，但是孩子们的争吵却总是被打上深刻的烙印：这是需要纠正的错误。

毫无疑问，直到几十年前，打骂仍然是家长和孩子相处的一种主要模式。家长们不仅在企图纠正争吵行为的时候会打骂孩子，甚至在抚养新生儿的阶段，也会普遍使用这种相当暴力和具有胁迫性的做法，而且大家都习以为常。

当然，当代父母在纠正孩子们的争吵行为时，所采用的方式和方法与过去相比都比较温和，他们想要说服孩子而不是惩罚孩子。然而两者在本质上是相同的，那就是认为童年时期的争吵是一种错误行为。家长接受不了孩子像植物一样自由生长，他们希望孩子能够按照自己的要求和设想成长。这种态度中既有严厉也有温柔，但更多的是严厉。

> 过去的教育理念认为：棍棒底下出孝子。
> 惩罚越严厉，教育效果就越好。

在一些培训课程中，我有机会接触到各种各样的家长。在[自我家庭教育](#)经历回顾环节（家长们从教育的视角出发，重新回顾和审视自己的个人成长经历），我搜集到了很多案例。这些案例告诉我们，童年时期的争吵总是会受到干预，但是孩子们的争吵在每一个时代无处不在、周而复始。

简卡罗

我们村里孩子很多，我们一起玩耍时总是争吵不休。我也说不清楚那些争吵到底是真的还是一种游戏，争吵仿佛是我们生活中必不可少的一部分。

有一天，大概在我七八岁的时候，我跟四五个小伙伴一起爬树偷樱桃吃。正当我们都流着口水分樱桃的时候，樱桃却不够了，每个人都想要更多，因此我们就吵了起来，最后打了起来。妈妈听到了我们的争吵，立刻跑到院子里，看到我也在其中，她放下手中正在织的毛衣，抓起扫把就朝我跑来。我拔腿就跑，但还是被妈妈手中的扫把打到了。

伊达

我 80 多岁的父母告诉我，在他们那个时代，孩子们都是背着父母争吵打闹的，如果被发现了就少不了一顿打骂。我丈夫 55 岁，他说自己小时候在修道院幼儿园时，有个小伙伴一直在挑衅他，还咬了他一口。老师严厉批评了这个孩子，并把这件事告诉了他的妈妈，结果这个孩子又被妈妈严厉批评了一顿，并被打了屁股。

家长们所谓的纠正行为有一个很有趣的特点：大喊大叫，拳打脚踢，甚至比孩子们在争吵时的表现有过之而无不及。

> 无论是在家庭还是学校出现的体罚行为，都建立在这样一种逻辑之上：惩罚越严厉，教育效果越好。

◆ ◆ ◆

好孩子不吵架？

当然，并不是每个家长都会因为孩子吵架而打孩子，因为家长干预孩子争吵的方式和方法多种多样。

为了避免麻烦，孩子们也想尽办法不让父母发现自己和同伴们的争吵。但孩子毕竟还是孩子，他们会克制不住自己，希望自己的主张和想法得到兄弟、姐妹甚至是家长的认可。而无论是过去的家长还是现在的家长，他们的干预通常具有很明显的情绪化特征：完全遵从的是一种来自家长内心的逻辑，但对于孩子来讲却是难以理解、捉摸不透的。最终导致的结果就是，孩子们不清楚为什么要做某一件事情，而且也不知道做了什么事情会遭受惩罚。

马西莫

我和姐姐争吵的主要原因是我们不同的进食方式。妈妈非常擅长做面食，我特别喜欢吃她做的金枪鱼面。每次妈妈做这种面的时候，我总是胃口大开。面刚一上桌，我就迫不及待地开始喝面里的汤汁，因为这是最美味的部分。而姐姐则不紧不慢地吃着面。我觉得她是故意的，特别是看到我把汤汁都喝光只剩下干面的时候，我不得不求她分给我一些汤汁，我们的争吵也不可避免地爆发了：我说她是故意吃得慢吞吞让我眼馋；她说面是她的，她爱怎么吃就怎么吃。而妈妈处理争吵的方式让我难以理解。她按照顺序，一次说姐姐对，下一次就说我对。这样的处理方式对于还是孩子的我来说，根本无法理解。

如果我和姐姐继续固执己见，妈妈就会暴跳如雷，等待我们的就是一顿暴打。

马西莫所讲述的经历，揭示了妈妈的干预非常情绪化：先抓到谁就惩罚谁。不需要道理也不需要逻辑，甚至根本不需要寻找谁有错，而是完全随机性地给予孩子们一种表面的公平。

在这样一种思想的指引下，年龄较大的孩子往往成为争吵中的牺牲者。

玛丽莎

我和弟弟常常因为都不愿意去做妈妈指派给我们的任务而争吵。这时，爸爸和妈妈就会说，玛丽莎应该赶紧去做什么。因为我是姐姐，我应该让着弟弟。他们总是说我们不应该吵架。

家长在干预孩子们的争吵时，往往带着这样的偏见：年纪大的孩子就应该让着弟弟或妹妹，所以年长的孩子往往成了过错方。父母们不断强化这一概念，让其成为孩子的责任。对于孩子，特别是女孩子来说，这就是一种不折不扣的惩罚。

"好姑娘"通常分为两种：一种是那些努力想要成为"好姑娘"的孩子们，但是她们总是做不到，因此父母总是不断地提醒她们；还有一种是那些很认真做"好姑娘"的孩子们，这些孩子甚至不需要来自家长的提醒，她们严以律己，时刻提醒自己要遵守各种规则，但她们这么做的目的就是为了获得家长的关注、爱以及夸赞。

> 长大之后的"好姑娘"很可能难以面对生活中的困难，
> 无法处理人际交往中的矛盾和争执，
> 她们缺乏解决这些问题的能力，
> 而这种能力恰恰只有在争吵中才能学会和掌握。

每个人的个性发展过程中，都存在一些我称之为"自我保护"的因素，这些因素是在争吵或者面对冲突的过程中形成的。关于这些因素，在本书接下来几章中我们将展开详细的解释和讨论。毫无疑问的是，过去我们认为的"好姑娘"，以及今天仍然存在的这些"好姑娘"，她们的个性发展过程中是缺少这些因素的。

当代社会出现了另一种类型的"好姑娘"：她们一边严以律己一边不停抱怨，有时甚至会辱骂自己的母亲。我们将看到一个相关的实例。这个案例发生的时代，孩子们多多少少在家庭中已经获得了话语权，但并不足以撼动家长在处理孩子们争吵时的"霸权"地位。

安娜

1984 年 5 月 12 日

亲爱的日记：

今天又发生了一件让我很难过的事情！我真的太伤心了，我真想逃离这个世界。

放学后，我和几个好朋友约好去花园玩，我们今天要扮演漂亮优雅的小淑女，所以我回家拿了两个包，一个给我，一个给埃莱娜。玩了一会儿，我们发现包里还缺点东西：小手帕、小戒指、小玩具。妈妈一直不喜欢我和朋友们在房间里玩，为了不让妈妈发现，我决定从窗户进去。

结果妈妈还是发现了我，还发现了我的朋友们：西尔维娅和艾娃。当时她们正在窗户下等着我。妈妈走过来，严肃地对我说："安娜，怎么回事？窗户怎么开着？你不会是从窗户进来的吧？"我实话实说，妈妈就开始批评我，最后她说再也不允许我出去玩了。可我的朋友们就在窗户下等着我，妈妈说的话她们都听得清清楚楚。亲爱的日记，你知道吗，我当时气急了，我用我能想到的最恶毒的话来诅咒妈妈，其实也是我一直想要说的话："妈妈，如果你真的爱你的孩子，你就不应该这样做！你为什么不让我在我的房间里玩？你除了打我就是骂我，只有奶奶对我最好。你经常为了小事就惩罚我，你不是一个好妈妈，你就是个'坏女人'！"我真的对妈妈说了这些可怕的话。之后我的朋友们也进来看我出了什么事，结果我的妈妈不耐烦地大声喊道："你们还在这里干什么？你们没听到我说安娜不能出去玩了吗？赶紧回家去，快走！"我的朋友们就这样被妈妈无情地赶走了。亲爱的日记，你知道吗，我的朋友们悄悄地离开了我家，没有人敢回头看我。我特别不能理解，凭什么大人就觉得自己总是对的，就可以打骂小孩子！大人们总觉得孩子们会在错误中成长，但我觉得，最重要的事情是父母首先要爱自己的孩子，要让孩子表达自己的想法！事实却是，家长们根本不给孩子们说话的机会，直接就开始打骂孩子。亲爱的日记，你觉得呢？我觉得我受到了不公正的待遇，凭什么我要一个人在自己的房间里待一个下午，凭什么我要在朋友面前丢脸？

上文故事的主人公安娜，受访时已 37 岁了，在讲述自己 8 岁时的经历时依然情绪激动。

而且，从上面的故事里，我们还可以发现另一个问题：对性别的歧视和固有成见。这主要体现为对女孩的一系列要求：女孩就应该让房间保持干净整洁，女孩就不应该翻窗户。总而言之，女孩就应该比男孩更听话、更温柔、更安静。而对于男孩，家长们就显得宽容多了，觉得调皮捣蛋就是男孩的天然属性。恰恰是这样的刻板印象，将男孩与女孩的形象对立起来。

> 1986 年，哈佛大学一个研究团队在学校拍摄了一系列短片，将两组 5~7 岁的儿童进行了对比研究。研究者观察发现，在争吵中，男孩通常表现得更加具有攻击性，同时更喜欢动

> 手；而女孩则更加倾向于缓和矛盾，希望在人际交往中和谐相处。该实验证实，女孩在处理冲突和争端时有更强的解决问题的意愿。[2]

"好孩子"诞生的源头

长期以来，特别是 20 世纪，教育学家、心理学家以及所有关注家庭教育、亲子关系的学者们，都致力于寻找一个能让家庭保持幸福、和谐、美满的秘诀：简而言之，就是创造所谓的"好孩子"。

> 理想化的"好孩子"就是一个传奇：
> 愿望是美好的，但现实是残酷的。

我创立的心理和平与冲突管理中心曾经做过一项研究，并将研究结果刊登在我们的研究杂志上[3]，我们系统分析和研究了 20 世纪意大利的教育历史，梳理了那些至今仍深刻影响着意大利人一举一动的文化根源和历史背景。

从社会历史学的视角来看，人们期待家庭和谐美满，并把家庭看作一个情感交流的场所，这都和 20 世纪兴起的教育、社会、政治、文化运动密不可分。这些运动聚焦于孩子，并倡导良好的亲子关系。在此之前，家庭普遍被认为是建立在互利性基础上的一种社会契约。

随着家庭观念的不断更新和发展，孩子也被赋予了新的角色。他们的诞生给家庭带来幸福，将家人紧密联系在一起，孩子的诞生是新的希望、新的开始。但是，当我们把家庭的和谐和幸福当作唯一标准时，家庭中出现的争吵、矛盾和困难似乎都不合时宜了。这就催生了"好孩子"传奇：如果一个家里的孩子总是不听话、爱吵架、调皮捣蛋，那说明这个家庭出现问题了，至少在教育孩子方面是失败的。

早在19世纪末20世纪初，意大利出现了很多儿童教育类书籍，这些书籍不约而同地都在强化"好孩子"这一形象，其主旨都是塑造一个完美形象：在任何社会、任何人际交往中都能不卑不亢，在权利和义务当中可以找到完美平衡的孩子。在这些书籍中，日常生活中的每一件事都可以用来教育孩子，他们在对待家长、老师、同学等方面，都有相应的行为举止和应履行的义务。

> 一个好孩子要尊重并热爱自己的父母，要尊敬而且要随时服从他们；对待老师也是如此，而且要谨记老师们的谆谆教诲；对待兄弟姐妹更要温和、友爱，要和他们分享玩具和食物；对待同学也应该和善、友爱。[4]

在这样一种教育理念影响之下写成的儿童教育书籍千篇

一律，都在宣扬好孩子能得到奖励和赞扬，坏孩子要受到惩罚。特别是那些针对幼儿的教育书籍，孩子们什么场合该有什么样的行为举止，都被罗列得一清二楚。其中最负盛名的是路易吉·费拉里诺的《小榜样》一书，该书出版于 1897 年，在当时被奉为好孩子的圣经。

另外一本非常著名的儿童道德教育书籍《小贾尼》出版于 1837 年，这本书最重要的作用就是强化了"好孩子"和"好姑娘"的道德楷模形象："小贾尼的父母都是非常诚实、善良的人，虽然小贾尼有很多缺点，但都是可以改正的"。该书的作者是亚历山德罗·帕拉维奇尼，他的这本小册子在学校作为推荐书籍让孩子们广泛阅读。

1876 年，由神父朱利奥·塔拉所著的《写给孩子们的故事：皮耶罗和莱娜的好行为》（该书在当时被定义为孩子必读好书）出版。书中讲述了两个相亲相爱的好兄妹的故事，并配以插画，他们的爸爸和妈妈也都具有金子一般的品质。妈妈教导兄妹两个热爱真善美，并要做好事；爸爸则会用温柔的话语引导和教育他们，而且理解和包容孩子。这真是一幅理想的画面：兄弟姐妹之间不争吵，不说脏话，不会不听爸爸妈妈的话，也不会哭。

1883 年出版的《匹诺曹》也离不开这一宗旨。虽然《匹诺曹》在意大利儿童文学史上堪称经典，但是作者科洛迪表达想要纠正孩子错误的意图，也是显而易见的。

几乎在世界范围内被广泛阅读的《爱的教育》（埃德蒙多·德·阿米琪斯作品）于 1886 年刚一出版，就引起了巨大的轰动。这本书的成功在于通过一系列日常生活中的故事，教导孩子们学习书中的那些好榜样，当然这些榜样都是像伽罗内一样的好孩子，而不是不听话的弗兰迪。

进入 20 世纪，儿童教育书籍将目光转向了学校，例如 1912 年出版的《学校榜样》一书，详细介绍了孩子们在上学之前、放学之后，甚至在假期内应该怎么做。

我所创立的心理和平与冲突管理中心的墙壁上，刻着一句 19 世纪的英文名言："被中断的争吵"（The Fight Interrupted）。旁边配着一幅画，画中的成年人很可能是一位神父，正试图分开两个正在打架的孩子。周围的孩子们分成两派。这幅画最令人称妙的是，神父揪着一个孩子的耳朵，很可能他正是这场打闹的始作俑者。孩子的表情很富有戏剧性，他又沮丧又生气，双手还紧握成拳头状。这幅画正是那个时代孩子们日常生活的生动写照：吵架之后必然少不了受到惩罚。

因此，不论是 19 世纪还是 20 世纪，面对孩子们之间的争吵，家长们都采用这种胁迫式的教育方式也不足为奇，这种方式对于今天的青少年教育仍有深刻的影响。好孩子和坏孩子成为一种固定的教育模式：好孩子是听话的孩子，他们讲文明、懂礼貌，知道讲话的分寸，也不会让家长丢脸；而坏孩子就是不听话，成天捣乱。好孩子不哭不闹，不乱讲话，特别是不吵架；只有坏孩子才吵架。好孩子会原谅别人，也会认识到自己的错误，能和别人和平相处。

孩子不会像大人一样行为处事

"童年多样性"这一理念,强调童年时期是人生中非常重要的一个阶段,儿童的思想、情绪、生理特征都与成年人截然不同,但这并不意味着儿童的行为就是不成熟的或者错误的。放眼整个20世纪,虽然心理学和教育学研究都相当开明,但这一理念被广泛应用于西方教育领域,还是后半叶的事。近几十年,这一理念已经被引入意大利教育的各个层面。

> 让·皮亚杰(1896—1980),瑞士日内瓦人,20世纪最著名的儿童心理学家,他一生致力于研究儿童的心理世界。皮亚杰的理论影响了一代又一代儿童心理研究学者,正是由于他的研究,我们才得以认识到儿童心理发展的不同阶段,并了解到不同阶段的儿童心理变化的方式和方法。

在传统的认知中,大人都觉得孩子的行为依据的是一种错误的认知,而且是一种故意的错误,目的就是给大人找麻烦并制造困难:"他还只有4岁,却满嘴谎言。""每当我想休息一会儿,他就开始捣乱了。他似乎很清楚我希望他表现乖一点儿,但他就是故意和我对着干。"

因此,虽然我们一方面承认孩子对世界的认知与成人完全不同(对此我们只要想一想孩子们对于魔法与现实的认知,又或者是两个孩子认真讨论如何招待圣诞老人的场景），但另一方面，成人又难以理解和接受孩子与成人认知模式的不同。而恰恰是认知模式的不同，导致了孩子与成人不同的行为模式，因此，孩子的认知模式是需要认真研究和解读的。

试想一下，一个妈妈对自己3岁和5岁的孩子说："你们继续打闹会受伤的。为什么你们就不明白呢？"而两个孩子还是继续你追我打，好像完全没有听到妈妈的话一样。问题的根本原因在于，这个年纪的孩子根本无法预想到自己的行为会导致什么样的后果，他们只想着玩，或者说孩子们只关注眼前和当下，这是因为他们还没有足够的能力去关注未来或者其他事情。

很多时候，当一个孩子在玩耍时和同伴发生了肢体冲突，成人会很自然地认为这是一种错误的行为，而不把它看作是儿童人际交往的一种正常模式。虽然现在的成人不会像过去那样惩罚孩子，但是这个孩子还是会因为违反纪律而受到批评，甚至还会被看作心理有问题而需要去看医生。

> 成人难以理解孩子的所思所想是一件极其正常的事情。
> 因为成人和孩子的世界是完全不同的。
> 成人的思维模式是成熟的，有秩序的，与现实紧密相关的，
> 而儿童的思维模式与成人完全相反。
> 我们不能说这两种思维模式哪一个好哪一个坏，
> 只需要承认二者不同而已。

有一个例子可以充分说明成人和儿童思维模式的差异。幼儿非常喜欢乱扔东西，家长帮他捡起来放回桌面，孩子又扔了出去，家长再次帮他捡回来放好，孩子又一次扔了出去，家长还是帮他捡回来。但是到了第四次，家长已经失去了耐心："你为什么一直把塑料杯子扔到地上？这个杯子是放在桌子上的，你把它放好。"而 8～12 月大的孩子几乎完全不能理解家长所说的话，只是疑惑地看着家长。在孩子看来，他做了正确的事情：他在尝试，看看是不是有移动物体的能力，或者只是想听听物体落地时的响声。这个神奇的游戏标志着孩子心理认知能力的开始，但在成人的眼中却变成了孩子在故意捣乱。

孩子在 2 岁之前，特别喜欢把东西往嘴里放：房门钥匙、小摆设、遥控器……所有能吃和不能吃的东西。而这恰恰是孩子通过感官认知世界的方式之一。大人们很难理解，而且妈妈们总是阻止："别吃了！""赶快把那个东西从嘴里拿出来！"

问题的核心在于，成人对自己 5 岁之前的童年生活基本没有记忆，如果有，也是一些碎片化记忆。我们作为幼童的生活记忆被消除了，因为我们的大脑要用有限的空间来存储更加重要的记忆。

正因为成人缺失了自己童年时的记忆，所以他们很难理解孩子们的行为。

因此，在处理孩子的问题时，家长依然沿用成人的思维模式，但这一模式对于孩子来讲，是陌生又难以理解的。

让我们试着把孩子就只当作孩子来看，
而不要去考虑那些他们还不具备的认知能力。

马特奥 / 6岁

妈妈对马特奥说："你帮妹妹整理一下玩具，她还小。"马特奥听话地去了妹妹的房间。过了没多久，妈妈就听到了妹妹的呼喊声。妈妈一边跑过来一边问："马特奥，你在干什么？艾丽莎为什么哭了？你对她做了什么？""她玩我的小汽车，我不愿意让她玩，我就把小汽车拿过来了。这些都是我的玩具，她不能动它们。""马特奥，你说的都是什么话！我让你去帮妹妹整理玩具，而不是去抢玩具！"马特奥回答道："她就是故意哭的。我才没有惹她哭。"妈妈继续问："你为什么不按照我说的去做？"

这是一段典型的对话。妈妈要求马特奥做某一件事情，可是马特奥不理解，他的行动和妈妈对他的要求背道而驰。

帮助两个孩子在争吵中达成和解，可能才是最好的解决方法，因为在争吵之中，矛盾和想法逐渐清晰，问题自然迎刃而解。如果家长继续说着孩子们听不懂的话，问题永远也不会得到解决。

在整个童年时期，孩子特别喜欢依据严格的秩序完成某一件事，有时甚至到了固执的地步。如果成人注意到孩子思维模式中的这一特点，那么对于理解他们是很有帮助的。

> 建立清晰明了的规则并重复这些规则,
> 会让孩子们习惯于遵循,进而让他们感到快乐和安全。

家长如果不能完全理解孩子到底在想什么,至少可以做些符合孩子需求的事情。先从抛掉那些长期以来形成的对孩子不切实际的要求开始吧。

◆ ◆ ◆

惩罚,只会让孩子变得不自信

传统观念认为,只有严厉惩罚才能彻底纠正错误。我最常被家长们问到的问题就是:"如果孩子不听话,我该怎么惩罚他们?"

很多人认为,不含惩罚的教育方法是不存在的。其实不然,童年的生活中不需要惩罚,因为惩罚会让孩子产生严重的,甚至伴随他们一生的自卑感。经常被惩罚的孩子很难认识到自己的价值,无法在正常的人际交往中尊重他人并获得尊重。这些孩子还会走向两个极端:疯狂寻求来自他人的肯定,或是在人际交往中对亲密关系感到恐惧。

代替惩罚的最好方法,就是设立清晰明了的教育规则。然而很多家长分不清楚规则和命令的区别。比如:"快一点!马上要迟到了。""早点回家!""都吃掉!""认真刷牙!""自己穿衣服!""听妈妈的话!""赶紧做作业!""很晚了,快点睡觉!"这些命令经常被家长当成规则告诉孩子,但事实上，它们就是最直接、最简单的命令——它们的语气就已经很清楚明白了。

教育规则应该是这样的：必须由有组织性的准则构成，从而能够清晰、准确地规范和指导家庭日常生活的各种行为。

具体有以下三个标准：

1. **明确性**：有效的规则必须是清楚、明确的指示，具体来说就是上床睡觉的时间、看电视的时间、吃饭时的行为标准，以及饭前的个人卫生要求等。

2. **合理性**：有效的规则必须符合儿童的年龄特点。2岁的儿童不可能自己穿好衣服，而5岁的孩子则完全有能力做到；5岁的孩子还不能够独立买东西，但是10岁的孩子就完全没有问题。

3. **家长的一致性**：有效的规则必须得到父母双方的支持。如果父母都不能就某一规则达成一致，孩子是无法遵守这样的规则的，因为孩子不知道究竟该怎么做。[5]

如果教育规则符合以上标准，孩子将会很乐意遵守。因为在他们看来，这些规则是一个清晰明了的框架，在这一空间内他们是享有自由的。因此不需要过多的解释，更不需要惩罚措施。

吵架的孩子不是坏孩子

从来没有人从生理和心理层面认真思考儿童时期的争吵，但事实上，争吵对于孩子们的成长来说是必不可少的，是儿童生活中不可或缺的组成部分。

> 争吵是童年时期必不可少的经历。

长久以来，争吵一直被看作是不好的、不正确的行为。成人从自己的角度出发来认知争吵：如果成年人在一起不争吵，那么孩子们在一起也不应该争吵，对孩子的教育也是朝着避免争吵的方向来进行的。这种来自成人的经验，对处理孩子们的争吵是完全不恰当而且无用的。因为按照这样的逻辑，当孩子们在一起玩耍时，必须表现得像成人一样才合理。

也正如家长们希望4~6岁的孩子能够规规矩矩地在餐厅里坐两个小时，就好像那些儿童教育书籍中所树立的好榜样一样。但对于孩子来讲，这完全就是一种强迫性的、过分的要求。

成人总是不愿意承认争吵与生理、心理相关，而期待人际交往中没有冲突的想法，本身就是错误且不现实的。我们每个人在日常生活中都会经历各种各样的冲突和矛盾。与其反对争吵和冲突，倡导倾听和相互理解，不如承认这样一个事实，即二者是同一枚硬币的两面，都是社会能力的表现形式。

> 否定争吵在人际关系中的作用，
> 就会错误地看待孩子们的争吵，
> 从而做出一系列更加错误的行为。

传统的教育否定争吵能给孩子的成长带来益处，认为争吵是不正确的、过分的、让人讨厌的行为。争吵在绝大多数情况下都被看作是一种问题，是一种对秩序的阻碍，有碍于和谐关系的发展，因此需要尽快处理和解决。但事实上，通过争吵，孩子可以获得认知，可以加深对他人的理解，有时甚至可以让他们变得更有创造性。

即使是很多先进的教育理念也没有认识到争吵所蕴含的教育潜力，以及如何将这种潜力转化为对孩子成长和教育的推动力。这些教育理念基本上还是以倡导合作为主，反对冲突，认为一个具有良好关系的群体是不应该出现争吵行为的。比如，学校里的"优秀班级"就是由一群在大人看来几乎不吵架的孩子构成的。但事实上，争吵恰恰是一种高度的社会合作与融合的体现。

美国著名的儿科医生本杰明·斯波克在其著作中所阐述的观念，在20世纪50年代被看作是先进的儿童教育理念的代表。当时的家长普遍认为，他们有责任帮助孩子避免争吵，而斯波克也曾提到过类似的例子：

> 3岁及以上的儿童可以在家长的帮助下，通过和同伴分享自己的玩具，从而获得和同伴共同玩耍的快

乐，这要比他们自己单独玩耍时更加兴奋和愉悦。如果有人和同伴发生了争执，家长不要急于批评和指责孩子，首先要对孩子的感受表示认同。如果是自己的孩子引发了冲突，家长可以给孩子解释他的行为会让小伙伴不高兴甚至生气，家长要引导孩子避免在未来发生类似的状况，并妥善解决冲突。[6]

持有这种教育理念的父母在面对儿童之间比较有攻击性的冲突时，经常把以往错误经验搬运到实际情境中。

> 如果你的女儿正面露凶光地打同学，你要赶紧带她离开，并用玩具分散她的注意力。千万不要在众人面前批评她，因为这种羞愧感会让她感到自己被抛弃，从而导致她更具有攻击性。[7]

至此，我们看到有诸多理论都曾把争吵看作错误和不恰当行为的教育观念。为了避免一切形式的争吵、对立、冲突或争端，家长们禁止孩子们争吵。当孩子们不可避免地发生冲突时，他们立即扮演起法官的角色去寻找过错方，并对其实施惩罚。

教育并不意味着要分出对错

家长想要保持公正，而一旦要承担起辨别是非、分出对错的责任时，无论家长还是老师，往往都会采用惩罚的方式来处理问题。因为要公正，家长会更加袒护相对弱小的弟弟、妹妹；也因此家长要求玩具必须平均分配，所以孩子们中不能有人有特权；也是为了公正，孩子们不可以打架，因为打架会伤害自己和他人。

总而言之，孩子们不应该做不正确的事情，因此，家长也总是忙于警告孩子什么该做、什么不该做。孩子往往会表现出一些不符合成人道德规范的行为（"我拿走了你的一个玩具，但你并没有发现"）。或者有时，在小孩子身上，公正的概念意味着一种补偿（"我拿走这个玩具是因为妈妈总是责骂我""我必须第一个做某事，因为我最小……"）。这些行为违背了成人世界中的所有权不可侵犯的准则。这些行为纯粹来源于孩子的幼稚思想，这些想法与成年人所熟知的公正和公平标准无关。我要再次提醒大家，孩子的思维和行为方式与成年人不同，但这并不意味着他们的思维和行为方式就一定是错误的。

问题在于：作为家长，我们真正在乎的是什么。保持公正还是促进孩子的成长？孩子到底应该学会什么？我们是承担法官的角色在家庭中不停地维持公正，还是制定自我监管程序，使孩子能够自发地调解与他人的关系，甚至有效地管理群体关系？我们真的只关心孩子是否能够遵守成人所设立的规则，还是对他们能够学习和掌握基本的人际交往能力更感兴趣?

对孩子之间争吵的偏见属于一种过时的教育理念,这种理念否定孩子有自我调节的能力,而强化家长对孩子的控制、纠正甚至是惩罚,随之出现了上文中我们所看到的种种对孩子采取的压迫性教育方式。即使随着时间的推移,上述教育方法已经在理论层面被抛弃,但在现实生活中,它仍然对亲子关系产生着深远的影响。

今天的家长似乎也无法以身体惩罚来威胁孩子了。孩子们可以在光天化日之下无所顾忌地争吵,再也不用担心被家长发现。而家长们依然感到困惑无助、一筹莫展,从而陷入一种矛盾之中:自己的成长经历既然毫无借鉴之处,那么,该用什么样的态度、站在什么样的立场来处理孩子们之间的争吵呢?他们最后无计可施,只得遗憾地继续按照父母对待自己的方式来对待他们的孩子。

大卫 / 9岁 和索菲亚 / 5岁

我们正在吃晚餐,大卫和妹妹索菲亚为了一包要拿到桌上的香肠发生了争执。哥哥坚持要自己拿,而妹妹也想参与。哥哥撕开包装纸,妹妹正要把香肠端走的时候,哥哥从她手里把香肠抢了过来,因为他觉得妹妹会把装香肠的盘子打翻。我们对大卫说:让妹妹做吧,别总是打击她!

大卫伤心地哭起来,跑回自己的房间:"你们什么都不懂!你们自己处理吧,我不管了!"爸爸工作一天回到家已经身心疲惫，面对大卫的哭闹，他也爆发了："好的，你回自己的房间吧！"而我也认为大卫这种逃跑的行为是不对的，于是我坚持要他回到餐厅继续吃饭。

大卫哭着回来了，继续坚持着自己的理由。爸爸粗暴地打断他："你就是个笨蛋！"

显然，这位爸爸不知道该采取什么样的方式处理这样的问题，但是他又意识到自己应该做点什么来制止争吵，可他除了责骂孩子，其他什么都做不了。

在接下来的几章里，大家将看到"好好吵架法"正是朝着解决这个问题的方向去努力的。回想自己的成长经历，我们会发现，不需要家长的干预，当孩子能够坦然面对和同伴的争吵时，恰恰证明他们已经有能力处理这个问题了。

> 争吵不仅是孩子生存的自然属性，
> 也证明他们有能力自己解决问题。

> **实战练习**

你是吵架容忍型家长吗？

很多家长以为自己对孩子间的争吵有非常高的容忍度，可以很从容、很有经验地处理孩子间的争吵，但事实真是这样吗？

这个表可以测出你对孩子（10 岁以内）吵架的容忍程度：

	完全不接受	不太接受	可以接受	完全接受
两个人斗嘴				
两个人打架				
两个人互相指责				
两个人大喊大叫				
向另外一位家长告状				
两个人互相抢夺东西				
两个人互相骂人				
不遵守承诺还继续吵架				
找家长抱怨				
破坏另一个人的玩具				
吵架的时候破坏家里的物品				

实战练习

评分标准

完全不接受：0 分
不太接受：1 分
可以接受：3 分
完全接受：5 分

0～5 分：你还有很大的改善空间。
6～15 分：你需要新的方法。
16～30 分：你已经很棒了，但你还可以做得更好。
31～60 分：祝贺你！你已经是一个合格的吵架容忍型家长了！

第 4 章

区分争吵与暴力

——好好吵架有助于制止暴力

> 弗兰克·弗莱厄蒂是个让人头疼的孩子，总是到处挑衅。
> 但他并不是一个暴力的孩子，只能说有点不合群。
> 他和妈妈相依为命，妈妈整天都要工作，也顾不上管他。
> 他时不时也会来打我一下，我就去找爸爸妈妈告状。
> 爸爸不理解我的行为，他对我说："下次你也好好收拾他一顿！
> 我小的时候，从来没有人敢来招惹我。"
> 而我也没有真正去和弗兰克交手。绝大多数情况下，
> 弗兰克对我还是比较友善的。但有一天，他打了我。
> 我也不示弱，跳到他身上，把他推倒在地，用膝盖顶着他的胸口，
> 就像他平时所做的一样。从那天以后，弗兰克再也不敢来惹我了。[1]
> ——爱利克·伯奈《我在蒙特利尔的童年》

不要过早判定:"这个孩子太暴力了"

有一天,一对年轻夫妇来到我的教育工作室寻求帮助。他们有一个 5 岁的儿子,在一家私立幼儿园上学。老师很直接地告诉这对年轻的父母,他们必须正视自己孩子的问题,最好带孩子去看看医生。

到底是什么问题呢?老师认为这个孩子太暴力了:他总是和小朋友吵架,还打人,干扰课堂纪律。虽然他并未对任何一个小朋友造成实质性的伤害,但在老师眼中,他就是那个不安分的孩子。无论什么玩具,他都要不惜一切代价得到,如果有其他小朋友想要拿走这个玩具,他就打这个小朋友的头。虽然没有发生严重的事情,但是老师依然很紧张,只得进行干预,让他坐下来,给他 15 分钟的暂停警告。老师发现这样做也无济于事,因此只得把家长请到学校,希望他们能够解决这个问题。

孩子的妈妈非常担忧,而孩子的爸爸对于老师的指控非常生气,他觉得自己的儿子不可能是老师所说的那种暴力的孩子。他看着孩子长大,认为根本不存在这个问题,不能因为和别人发生了冲突就认定孩子是暴力儿童,肯定是老师的教育方法不得当,他的儿子就是一个正常的孩子。我建议先从家庭层面进行分析,考虑到问题的复杂性,我给这对父母讲述了一些基本的家庭教育原理。

这是一个把"争吵"和"暴力"混淆的典型案例,正是这种混淆造成了危险、混乱的局面。一个 5 岁的孩子，因为和同龄小伙伴发生了冲突而被定义为暴力儿童——一个不仅想要做坏事，而且毫不犹豫付诸行动、挑起战争的家伙。请认真想一想，一个这么小的孩子怎么可能有这种想法呢？但如果报纸、电视以及其他传媒一谈到儿童或青少年的冲突时，就广泛使用"霸凌"一词，那么，把这个 5 岁孩子看作一个"恶霸"也就不足为奇了。

霸凌不是解释一切负面行为的钥匙

近十几年来，一旦涉及儿童或者青少年教育问题，"霸凌"都是一个无法回避的话题。它似乎变成了解释所有儿童负面行为的万能钥匙，同时也成了这些行为的同义词。因此，破坏物品的行为被称为霸凌，孩子们之间的争吵也是霸凌，发泄不满情绪的行为也是霸凌。当然，欺负人也必定是霸凌。

> 21 世纪初，意大利有关机构对基础教育学校进行了一系列关于霸凌的研究。根据意大利儿童教育研究协会（SIP）所提供的数据，意大利的霸凌现象在欧洲尤为显著。来自其他机构的数据也证实了这一结果。2004 年，米兰曾发起"停止霸凌"运动，但收效甚微。数据显示，约有 1/2 的小学生和 1/3 的中学生曾在身体或心理上遭受霸凌。这一数据也意味

> 着64%的小学生和50%的中学生都不同程度上扮演着"施暴者"和"受害者"的角色。研究显示,霸凌主要以三种形式体现:身体上的霸凌,以男孩为主;精神和语言上的霸凌,以女孩为主;间接性的霸凌(主要以破坏受害者和他人之间的人际关系为主),男孩、女孩都有。以上结果在意大利社会引起了轩然大波,小学和中学的老师们认为调查数据和事实并不相符。那到底是怎么回事呢?问题在于,在意大利语中找不到一个和英语bully(霸凌)意义对等的词,研究者在进行调查的时候,只能通过类似的问题来表达这一概念:"你在班级里有没有被同学欺负?"不恰当的术语导致了严重的后果,日常生活中稍具侵略性的行为,都直接被归为霸凌现象。我们又有谁在童年时期或者青春期没有欺负过别人或者被人欺负呢?

霸凌这一概念是瑞典社会心理学家丹·奥维斯及其研究团队于20世纪70年代末首次提出的,他们给出了系统、科学化的定义。霸凌是一种有意图的攻击性行为,霸凌者主要针对没有能力保护自己的较弱个体或群体实施长时间的、刻意的攻击和伤害。[2]霸凌者有其特殊的心理特征:有虐待倾向或精神失常。[3]这是一种心理和情感能力缺失造成的精神疾病,如果不能得到及时妥当的干预和治疗,还会引发其他的问题。

霸凌行为具有三个显著特点:破坏性、刻意性以及持续性。如果不能同时满足以上三个要素,我们就不能轻易把某个孩子定义为霸凌者。

一个 5 岁儿童的冲突行为，真的都满足霸凌的三个基本要素吗？他是故意地、重复性地实施具有破坏性的行为吗？答案是否定的。

> 幼儿不具有成为霸凌者的智力。

当然，的确有孩子在和同伴的冲突和争端中受伤，但这与那些霸凌者做出的行为是截然不同的。霸凌行为对一个大人来说都难以认知和理解，更不用说儿童了。3~6 岁的儿童根本不具备这一能力。那些简单粗暴地把儿童之间的冲突与霸凌行为联系在一起甚至画等号的观念是错误的，而且在解决具体的教育问题时具有明显的误导性。

对冲突与暴力必须加以区分

霸凌行为和儿童人际冲突之间不仅差异巨大，而且根本无法画等号。正如霸凌的定义所指，它是对人际关系的破坏和消除行为。因此，我觉得非常有必要澄清两者本质的不同。冲突、争吵、战争、暴力、侵略性、霸凌、欺凌……这些词的意义并不相同，但在日常生活中，人们经常将它们混为一谈，并把它们归纳为一系列错误行为的集合。例如，媒体特别喜欢使用"冲突"这一词汇，但含义早已超出其本身的意义：伊拉克战争是一场"冲突"，因为停车问题和邻居的争吵也是一场"冲突"；犯罪分子和警察之间的交战是一场"冲突"，两个孩子因为玩具争吵也是一场"冲突"；不同社会阶层因为利益矛盾导致的摩擦是一场"冲突"，用肢体或者语言暴力对待那些和我们持有不同意见的人也是一场"冲突"。

战争、斗争、杀害他人，这些词所指的都是极端的暴力行为，而不是冲突。"冲突"和"争吵"[4]更多表示的是一种人际交往中的矛盾、差异和对抗。在人际交往过程中，当出现差异，如不同的观点、不同的利益、不同的需求、不同的视角时（这些差异是必然且必需的），就会自然而然地导致冲突。

> 冲突就其自然属性而言，主要体现在人际关系当中。
> 当人际交往越频繁、越活跃，冲突就越多。

> 交际冲突体现的正是一种自我改善、自我调节的能力。

> 暴力主要指有意图地、通过扫清对手以达到解决问题、终止人际关系的那些行为。

冲突是合法的，暴力是不合法的。暴力行为体现为施暴者由于情绪影响对受害者的身体、精神实施加害，这种情绪的影响经常是长期的，因此施暴者对受害者造成的伤害也是长久的。

所以，冲突和暴力二者之间的差别正如下表总结，是显而易见的。[5]

暴力	冲突
故意对他人造成身体和精神上的伤害	矛盾、差异、对立、对抗、批判（没有造成不可挽回的伤害）
通过扫清对手以达到解决问题的目的	以保持人际关系为目标，主动解决问题
简单粗暴地从单方面解除人际关系	积极推动人际关系，即使要面对困难和挫折

由此，我们清晰地看到，一个 7 岁以下儿童的行为根本不会具备暴力性质。不论出于什么样的原因，我们也不能将其定义为"暴力"。虽然在某些极端的情况下，孩子们的某些行为的确造成了不可挽回的伤害，但我想强调的是，这个年龄的孩子不具备刻意施暴的意图。因此，一个 2 岁左右的孩子如果咬伤了同伴，他当然不是暴力的孩子；同理，一个 4 岁的哥哥因为自己不再是家里唯一的掌上明珠而将自己 1 岁左右的弟弟绊倒在地，这样的行为也不是暴力。对于我们在本章一开始提到的那个孩子，用暴力来定义他也是没有任何意义的。以上例子都是为了让我们理清思绪，这对有效调解和干预孩子们的争吵和冲突至关重要。

孩子天生不是暴力者

阿尔菲奥

时至今日，每当回想童年时的那些争吵经历，我还是会感到紧张，这和我的弟弟、表弟密不可分。当时我大概11岁，我弟弟4岁，表弟6岁。表弟是他家的独子，因此受到万千宠爱。与表弟相比，我和我的弟弟几乎没有得到父母和长辈的关注与关爱。我的表弟被关心、被爱护、被无微不至地照顾，让他觉得自己理所当然就是整个世界的中心，是家庭的主角，所以他的专横跋扈也是理所应当的。

有一次，我提议在我家门外的空地上玩我刚学会的地滚球游戏。我把规则教给他们两个，然后表弟说他得分了，因为他的球比我的更接近目标球。我和弟弟都知道他说的不对，我弟弟让他去好好检查检查。但表弟就是不改口，他就是要得分。这让我非常生气。我叫他走开，想用实际行动（打出一记飞球以击中他的球）证明自己不用耍赖皮也可以获胜。他让开位置，但马上又返回来，可我已经把球打了出去。球不偏不倚击中了我表弟的手，弄断了他的一根手指。

结果可想而知。我表弟被送到医院接受治疗，而等待我的则是严厉的惩罚。没过多久，妈妈下班回家，给了我永生难忘的教训。而我的弟弟也被看作是共犯而受到了惩罚。妈妈采用的是"集体惩罚"法。不论是我跟弟弟之间的争吵，还是我们跟其他小朋友的争吵，妈妈都会同时惩罚我们两个。

上述经历其实只是一个意外而已。现在，我们在餐桌上也会和妈妈聊到小时候的事情。现在她已经八十多岁了，还是认为自己当时的做法没有问题："不然我该怎么做呢？我不惩罚你们两个，你们就会不停地吵啊打啊，最后真的受伤了怎么办？"

上面故事中的主人公依然受到了惩罚，而且是很严厉的惩罚，似乎他是故意伤害表弟一样。我觉得这个事例非常具有典型性。有一点是肯定的：孩子们在争吵时的确会受伤，但都是一些短暂的伤痛，上文发生的受伤情况并不常见。这个故事也清楚地告诉我们，即使非常激烈的冲突造成了短暂的伤害，归根结底也只是一个意外事件。孩子们不是刻意或者故意制造伤害，因此他们的行为不能被看作是一种暴力行为。

家长和老师也常常把孩子们之间的争吵看作是一种随时会引发暴力冲突的危险行为。

> 家长最担心的莫过于：
> 争吵很容易而且很自然地会引发危险行为。

这种担心其实毫无依据。事实上，与情感管理不善所引发的激烈反应相比，不具有明确目的性的冲突引起的暴力情况要多得多。面对这类情况，我总是在问，真的有孩子受伤住院了吗？而我得到的答案也都是否定的。孩子们并没有故意造成那些不可挽回的伤害，即使有伤害，也是由一些不可避免的意外所造成，因为孩子们还没有学会用正确的方式控制和管理自己的情绪。

罗马智慧大学心理学教授阿尔贝托·奥利维里奥基于儿童生理学理论展开了他关于儿童行为的研究，他的观点很有启发性：

> 人类在任何年龄都会产生攻击性行为，那么如何判定其行为是攻击性行为？1～2岁的幼儿也会打人，会喊叫，而且还经常咬人，但成人并不认为这些行为有什么问题。可同样的行为如果发生在3～4岁的儿童身上，成人就会感觉不妙。因为在成年人看来，这么大的孩子应该能控制自己了，但事实上，虽然此时孩子的大脑已经充分发育，可其控制情绪的能力，以及在情绪影响下的行为管理能力都还非常欠缺。儿童的大脑皮层，特别是脑前庭的皮层，还远没有发育成熟。儿童的情绪主要由负责管理情绪的中枢，即大脑中的杏仁体来调节。杏仁体产生、识别并管理情绪，当然也包含那些暴躁的情绪。但保持冷静、控制自己的情绪是大脑皮层的主要工作和任务。所以，大多数6岁以下的儿童做不到这样的自律，同时，他们也无法理解社会和道德的规则，他们不知道什么是社会可接受的行为。当他们非常兴奋时，他们会忘记在正常情况下应该

遵守的规则……[6]

吵架：避免成为暴力者最有效的方法

现在我们回过头再来讲一讲那些霸凌者。近年来，在媒体的大肆渲染下，出于对儿童和青少年的安全考虑，人们越来越担忧孩子的行为。如果家长们知道有孩子在学校里打人，他们一定会要求严厉处罚这些孩子。有一对夫妇曾向我讲述，一所小学二年级某个班的家长联合签名上书，要求班上的一个同学留级或者转班，因为这个孩子不遵守纪律，影响正常的教学秩序。

但这么做真的有用吗？这就是成年人所谓的教学、教育干预措施吗？在这种思想影响下展开的关于儿童"暴力"行为的讨论，否定了近三十年来的诸多研究成果。心理学、社会学甚至民族学的研究都证明，儿童有能力处理生活中的冲突和矛盾，这些冲突和矛盾正是日常生活中最普遍的现象。

二十多年来，我一直在强调：儿童之间的争吵并不是暴力的起因，而是解决暴力问题的灵丹妙药。孩子在与同伴交往和相处的过程中遇到困难、发生冲突，这对儿童来讲都是宝贵的机会，他们可以从中掌握自我调节的方法和策略，从而避免暴力行为。因此，过度的干预和保护，特别是家长禁止或者干预孩子们争吵，并不会带来期待的成效，反而弊大于利。

> 儿童的大脑仍在成长和完善，具有相应的学习能力。
> 通过争吵可以获得成长。

正如前文所说的，如果我们观察小狗的成长，就会发现打闹对于小狗来说是一种学习和成长的方式。在与同伴玩耍打闹时，小狗认识和了解同伴，同时也了解自己。而且，小狗在打闹中并不会对同伴造成实质性伤害。动物之间的交际以及应对攻击的规则，清楚地印证了打闹是一种学习方式，动物从中学会如何与同伴相处，并掌握各种信号（身体上的、威胁的、矛盾的、安抚的）。而这些信号可以帮助它们解决争端，而不至于引发争斗。英国著名动物学家及人类行为学家德斯蒙德·莫里斯认为："各物种都有不对个体造成伤害而解决矛盾和冲突的能力，这是一种非同寻常的能力。"[7]

人类作为高等生物，自然也拥有这项能力，而且与动物相比，人类的童年时期要长得多，这也就意味着在人类童年时期出现的争吵和冲突要多得多。

> 我们需要帮助儿童在与同伴的相处中认识并控制自己的攻击性，
> 因为攻击性正是由于无法控制自己的情绪而产生的。

伊莎贝尔·菲利奥扎特曾这么说：

> 愤怒是接受矛盾和冲突的第一步……如果一个孩子因为得不到某样东西而生气，他的情绪会帮他找到

平衡点，然后……接受这一矛盾。……这一步骤不可或缺，是孩子们接受现实必经的一个过程。……愤怒可以帮助孩子面对不公，是面对无法容忍的侵犯时一种自然的反应和诉求。愤怒可以保护自己的领域、身体及思想不受侵犯，是一种肯定自我、敢于拒绝的力量。一个感觉不到愤怒而且不懂得表达愤怒的人，反而会认为自己是软弱无力的受害者。[8]

儿童精神分析专家阿尔巴·马尔科力也表示：

> 对于成长中的儿童来说，习惯于用自己的力量解决矛盾和冲突，而不是使其复杂化……这是他们成长过程中极其重要的财富。除此之外，仅仅是面对这些矛盾、差异，或不可避免的冲突，都可以帮助孩子们去衡量、考量和限制自己的攻击行为，而不是在毫无经验和准备的时候就要遏制这种行为，或是在其突然发生时不知所措。[9]

因此，如果真的想预防儿童攻击性行为的发生，或者让他们在面对暴力行为时有自我保护的能力，那就让孩子们吵架吧！争吵可以避免发生难以挽回的伤害，或者说，可以最大程度地使冲突朝良性的方向发展。

从这个角度来说，成人对于儿童冲突的主观认知就显得非常重要。很多时候，两个孩子之间互相叫骂的行为，也被家长或者旁观的成年人看作攻击性行为。但事实真的如此吗？这种认知和感知其实非常主观，而且很大程度上和我们在第 2 章讨论过的"痛苦按键"相关。

乔尔琪娅 / 10 岁

昨天妈妈带我和哥哥去散步，我们一直走到了教堂。哥哥批评我不应该在神坛上上上下下，为此我们吵了起来。我开了他一个小玩笑，他就生气了，还说我是个没教养的孩子，因为我不尊重他。妈妈因此也批评了我，说我暴力对待哥哥。

如果我们把所有冒犯行为都看作是一种暴力，在这样一种过度敏感的氛围中，我们生活的世界会变得令人难以忍受。

◆ ◆ ◆

冲突缺陷：从小不会好好吵架埋下的社交隐患

本章已经围绕冲突、争吵和暴力进行了分析和讨论，我还想再引出一个概念：冲突缺陷。这是人际交往中对目的认知的缺陷，往往会导致一个成年人无法以语言为媒介和他人正常交际。

这种交际困难还表现为难以区分人与事，而且会让自己变得极端敏感和脆弱，需要立刻宣泄情绪，最后对他人甚至是自己采取极端暴力的行为。

如果说现今的青少年之间的暴力行为有所减少，那么包含暴饮暴食、催吐或对自己的身体进行不同形式的伤害在内的自残行为，却在显著增加。

> 虚拟世界是导致自残现象愈演愈烈的主要原因。
> 相比以前的青少年，当代的孩子们对网络过度依赖，
> 更多地把自己隐藏在网络构成的虚拟世界中。这个
> 世界主要由电子游戏、各种各样的社交平台构成。
> 这种隐居状态往往导致孩子失眠、逃学、丧失人际
> 交往能力。

冲突缺陷到底是如何产生的？原因有很多，但教育扮演着至关重要的角色，包含我们已经分析过的暴力教育方式。当然也和当今世界有些脆弱的社会文化密不可分。这种文化总是不愿意承认冲突在人际交往中的价值以及它所蕴含的学习潜力。

学校在处理孩子们之间的争吵和冲突时，给我们树立了一个负面榜样。没有人愿意具体分析孩子的情绪和经历，梳理和解决这些问题，只是简单地禁止孩子们争吵，惩罚过错方，这种方式阻碍了孩子学习和掌握处理困难和矛盾的能力。这是非常危险的举动，毫不夸张地说，社会的混乱和异化会因此愈演愈烈。

> 争吵是获得社会适应性必不可少的途径，
> 这一过程从 3 岁开始并长时间持续，
> 这一能力会帮助儿童更好地和别人交往与相处。

在成长过程中没有亲身经历过冲突的孩子，很可能被引导采用暴力的方式处理冲突和矛盾，伤害他人甚至自己。正是因为没有能力面对冲突，所以只能采用简单粗暴的方式，通过暴力扫清带来矛盾的人，从而快速解决问题。

以下是一些关于霸凌者的真实写照：

> 与所有暴力行为一样，霸凌也是由冲突缺陷造成的。具体有以下特点：
> - 霸凌者攻击他人，辱骂他人，而不是就事论事。
> - 霸凌者的行为冲动且残酷，他们不思考，没有想象能力，没有自我分析能力，也没有分析局势的能力，更不具有沟通的能力，而且无法为自己的情绪找到有效的宣泄方式，只能像一辆坦克一样不断向前冲。
> - 霸凌者不惜一切代价只想获得胜利，凌驾于他人之上，他们忽视了有效解决冲突的方法是兼顾双方的利益，而不是单方的胜利。
> - 霸凌者没有能力认识并管理自己的情绪。
> - 霸凌者由于自身的情感缺陷、情绪沉默而无法倾听他人乃至自己的心声，往往变得盲目自大，直至陷入极度的自恋，而将他人看作是无足轻重的存在。

社会交际能力的教育与争吵教育紧密相关。我们必须告诉孩子，与人交往很困难，但这也是必需的；还要告诉他们不要用暴力来解决问题；面对攻击性行为，我们要教会孩子不卑不亢，并把这看作是一个锻炼自己和提升能力的机会。

孩子们有权利与他人争吵，家长和老师们有义务帮助他们从争吵中学习并成长。

只有这样，才能有效地帮助孩子避免冲突缺陷。

> **实战练习**

你能区分暴力与争吵吗?

学习区分暴力和争吵,是掌握好好吵架法的前提和基础。

我们必须对暴力零容忍,同时好好认识和使用争吵这一方法。由于人们在现实生活中不正确地使用术语,导致我们难以区分暴力和争吵。以下练习可以帮助家长更好地了解二者的区别,进而提高并完善自己的认知。

场景	暴力	争吵
1. 小学三年级的卢卡控诉米尔科偷走了他的卡片。米尔科不承认,并把卢卡推倒在地。		
2. 两个青年因为争夺一个姑娘在舞厅里打架,结果其中一人被打断了胳膊,不得不住院治疗。		
3. 邻居到处说我们家制造噪声。我们去和邻居交涉,结果他们对我们破口大骂。		
4. 老师发现我儿子一直被同学们叫作"倒霉鬼",同学们还刻意孤立我儿子,而且一旦发现有人想要帮助我儿子,他们还会阻挠。		
5. 一个年轻人在社交平台散布和前女友的亲密照片。		
6. 7岁的马特奥不愿意和5岁的弟弟阿莱西奥一起看电视。弟弟生气离开,去向妈妈告状。		

在你认为对的选项下面打√,然后再核对正确的答案。*

* 正确答案:1. 争吵 2. 暴力 3. 争吵 4. 暴力 5. 暴力 6. 争吵

第 5 章

孩子眼中的争吵

——为自己找到正确位置的自然需求

> 弟弟提拉比我小三岁,是妈妈最宠爱的孩子。他对我说的任何事情都深信不疑。我把他带到花园的一个角落,然后神秘兮兮地问他:"你想不想知道一个秘密?""什么秘密?""一个关于你身世的秘密……好吧,其实你是捡来的,你不是爸爸妈妈亲生的……""你骗人。""等你长大了,爸爸妈妈总有一天会亲口告诉你的……"
>
> 提拉哭喊着跑回家:"妈妈!妈妈!"我赶紧追上去,但来不及了。他在厨房找到了妈妈,哭着扑到妈妈的怀里说:"快告诉我,我是你亲生的孩子!你是我真正的妈妈。"
>
> 我因为这次恶作剧受到了惩罚。
>
> 在房间的角落里,我被罚跪在装玉米的麻袋上。[1]
>
> ——雅歌塔·克里斯多夫,《文盲》

孩子看待争吵的方式与成人不同

我们常常说"人言可畏",它反映的是一种关于人际关系的信念。在相对没有那么文明或开明的时代,人们认为言语可能比武器更具破坏性,而荣誉和责任被看作是沟通、倾听和协定的前提。

这种信念强调人类需要对人际关系保持警惕,但过分灌输这种恐惧,无疑会起到负面作用。因此,我们需要克服对于人际交往的恐惧。

而这一切可以从儿童开始,因为他们拥有这种与生俱来的能力以及可能性。

本章我们将主要探讨吵架对于儿童的重要性,让孩子们可以不受成人看法的约束,自然地与他人争吵。这有利于孩子的成长,有利于帮助他们建立健康的人际关系。

当孩子们可以自由自在地吵架时,他们看待和理解冲突与争端的方式和成人完全不同。正如我们在第 1 章所提到的,对于成年人来说,孩子们的争吵是日常生活中的烦恼源泉,是不应该存在的错误行为。但对于孩子们来说,可完全不是这样。

很多年前,和我们研究中心合作的一些小学老师就曾向我反映,一些孩子在发生争执的时候,并不希望老师干涉。孩子们经常坚决地表示:"我们不是在吵架,我们只是在玩耍,我们不会伤害对方……"这些话好像是在提前给老师打预防针,又好像是在向老师保证，可能他们感觉到老师有想要干预的冲动，或是感知到老师觉得他们的行为有危险。同样的情况也出现在家庭中。

尼可莱塔 / 8岁半

恩里科是我的哥哥，他比我大两岁，我们两个总是打架。虽然我也很想改掉这个毛病，但每次我们两个互相开玩笑时就免不了打起来，他也总是忍不住想攻击我。我们在地板上打，在沙发上打，在床上打，甚至直接在草地上打。特别是在假期，我们打得更厉害。虽然我知道有时会受伤，但我也很清楚地知道，如果没有哥哥，我和谁玩呢？

这个小女孩非常直接地表达了和成人完全不同的观点。她很清楚地了解家长担心他们在打架时受伤，但从另一方面来说，正是在这个过程中，她成长了。她认为和哥哥的争吵是一件正确和必要的事情。

我们再从家长的视角来分析一下这个问题。估计没有人愿意成为这两个孩子的家长，因为他们不论在哪里，都在争吵和打闹，或者大喊大叫，让人一刻不得安生。尤其让家长无法容忍的是，他们把家里的沙发也当作战场。

西蒙娜 / 8 岁

我和哥哥莱昂纳多发生争吵，通常都是因为他要干傻事，而我要制止他。因此，他总是威胁我说要把一切撕碎，或者是把我吃掉。这时妈妈就会来管我们，每次妈妈都袒护我而惩罚莱昂纳多；如果是爸爸的话，他就会揍我们两个。但很快，我和哥哥就和好了。

正如西蒙娜所讲述的，孩子们在处理争吵时要比成人更加得心应手，他们总能找到解决问题的方法。事实上，是家长无法适应孩子们无休止的争吵和打闹。

因此，家长需意识到孩子的经历和观点都与成人不同，并不需要彼此保持一致。

孩子不希望争吵被大人发现

一直以来，孩子们似乎有一种神奇的能力，他们特别善于隐藏自己和同伴的争吵。

塞莱娜 / 10 岁 **和玛蒂尔德** / 5 岁

两个女孩在玩老师和学生的游戏。姐姐塞莱娜扮演老师，妹妹玛蒂尔德扮演学生。就像在学校那样，姐姐给妹妹布置作业，突然，姐姐对妹妹喊道："你这个字母写错了。重新写一遍！"妹妹重写了一遍，但是姐姐坚持说，妹妹还得再写一遍。这时妹妹不愿意了，她哭了起来。塞莱娜说："妹妹跑到妈妈那里告状。我觉得她说得太夸张了。妈妈很生气地来找我，并责备我不应该这样批评妹妹。妹妹还小，很多东西她还需要学习！我试着给妈妈解释，但她根本不听我说的，而且不和我说话。晚餐过后，我和玛蒂尔德就和好了，我们两个约定再也不吵架了，当然这是不可能的。"

孩子们会因为母亲生气而自发地和好，达成和解。这充分证明，孩子们意识到要在父母面前保持一种"假装的和平"，只是为了不让家长担心。

薇奥拉 / 9岁

那是夏天的某一天，我和弟弟拿着扫把互相追逐打闹，结果都滑倒了。他撞倒了妈妈装糖的罐子，糖撒得到处都是。听到妈妈的叫喊声，我们两个赶紧逃跑了，妈妈没有追我们，因为她清楚我们两个迟早都得回家。

> 孩子和家长对争吵的感知是完全不同的，
> 争吵对于家长只是麻烦和烦恼而已。

孩子们很清楚争吵对家长意味着什么，与此同时，他们在争吵的时候总是努力避免被家长发现,也不想因此受到惩罚。对孩子来说,最大的问题并不是和同伴或者和兄弟姐妹争吵,而是某些事情在争吵的过程中会不可避免地刺激到家长或者是其他旁观的成人。

索尼娅清楚地知道,她和妹妹的争吵让妈妈特别心烦:"我妈妈总是说,她生妹妹是为了让她和我玩,让我们互相做伴,而不是成天吵架!她非常不喜欢我们吵架,所以,她叫我们不要吵架了,要做好姐妹!"索尼娅知道妈妈期待什么,但问题是,妈妈的这个愿望太主观了,孩子不可能满足这样的期望。

事实上,不管是独生子女还是有兄弟姐妹的,所有孩子都有一种可以影响父母的神奇能力(特别是影响妈妈们),从而达到他们自己的目的。朱迪·邓恩曾表示,孩子在18～24个月大时,就具备了有意图地引起母亲注意的能力:

> 18个月大的孩子就能预见自己做了被禁止的事情时,母亲会有什么样的反应,他们清楚地知道什么事情是妈妈不允许的。其实这并没有什么好惊讶的,不仅是人类,狗也具备同样的能力,它们很了解什么是主人不允许做的事情……[2]

孩子们虽然有时会和妈妈顶嘴,但这也是一种与母亲互动的能力,这证明孩子从很小的时候起,就开始发展接收和感知父母情绪信息的能力。这一能力使他们能够了解在家里哪些事可以做，哪些事不能做，从而认识和了解家长期望的行为标准，并了解他人的感受。这些都是非常重要的技能。

玛莉亚 / 9 岁

我和 7 岁的弟弟丹尼尔经常吵架。昨天他想要玩电脑，我也想在电脑上玩游戏。为了能玩电脑，他向妈妈告状，说我该做作业了。我只好回房间做作业。一个小时之后，我告诉妈妈，丹尼尔玩电脑的时间太长了。所以妈妈也批评了他，不许他再玩了。我非常开心，因为电脑只属于我一个人了。

我们清楚地发现，孩子们其实比家长更迫切地想要解决矛盾和冲突，但并不是按照家长听到、看到和判断的方式来解决。

卢卡 / 8 岁半

有一天，我把妹妹关在了浴室里。当我把她放出来的时候，她在家里追着要打我。最后，她抓到了我，把我按在地板上，我们开始争吵打闹。十分钟之后，叔叔发现我们在吵架，他说："不要再吵再打了！明白了吗？"我们有点委屈地回答："我们不是真的打，不会受伤的……"当我休息吃东西的时候，妹妹悄悄来到我身后偷袭我，我被弄疼了。我吃完东西就在院子里追她。过了一会儿，叔叔又过来了，我告诉妹妹赶紧回来，我们得表现得好一点。于是我们立马乖乖地坐在沙发上，叔叔果然什么也没发现。

这个故事也提醒我们，8岁左右的孩子，在心理上正处于一种潜伏期[3]，他们需要不断地获取来自他人的肯定，从而肯定自己的行为。他们正处在一个过渡时期：一方面，内在的冲动促使他们与人争吵；但另一方面，他们又意识到需要完成做好孩子的义务。最终，他们找到一个两全其美的方式：通过内部调解，使他们既能够争吵，又能做家长眼中的好孩子。卢卡的叔叔可能完全没有发现他们兄妹俩争吵、和解和伪装的过程。但孩子们却在短时间内找到了解决问题的办法，不仅避免了批评，还得到了表扬。

总而言之，孩子们都是很勇敢的。9岁的托马索就总结说："每个孩子都会吵架，但是也不会一直吵架。再说了，父母们有时也会因为鸡毛蒜皮的小事吵架。"关于儿童的争吵，我想用艾玛的话做个总结。10岁的艾玛认为："大人们总是觉得吵架是不应该的。但我觉得争吵能让你学会生活，学会如何面对困难，解决问题。"她说得真是太好了。

争吵对孩子来说是非常自然及正常的事情

数据显示，孩子们争吵的频率是非常高的，前文所记录的孩子们的故事清楚地证明了这一点。

> 20世纪90年代,罗马智慧大学心理发展教师路易吉娅·卡玛伊奥尼针对兄弟姐妹争吵的频率开展了一项研究:"此次研究的对象是来自50个美国家庭的兄弟姐妹,他们之间争吵的频率差异很大。在一个小时当中,有的兄弟姐妹完全没有争吵,有的则争吵了56次。"[4]
>
> 另外,专门研究青少年心理问题的专家凯瑟琳·卡尔维则表示,她在研究中发现,幼儿园时期的孩子争吵频率大概是每小时11~12次。[5]

除了来自研究的数据,通过直接的观察,我们也可以得出这样的结论:虽然情况各不相同,但是争吵(特别是兄弟姐妹之间的争吵)是儿童生活中很重要的一部分,对于儿童来说是一种很自然的行为。家长必须认识到,对于孩子来说,争吵是必不可少的成长经历,有利于他们的身心发育,可帮助他们学习如何处理人与人交往时的矛盾和问题。只有认识到这一点,家长才会采用更有效的策略来面对孩子的争吵。

争吵带给家长烦恼是正常的,正如争吵对于孩子也是正常的一样。对于孩子的争吵,家长的不同做法带来了不同的效果。正如我们在本书第2章看到的,家长们那些惩罚性的、压迫性的、焦虑的干预方式是完全无用的,相反,在一定程度上还会阻碍儿童的学习和成长。而这才是真正的问题。

好好吵架法能够正视孩子和家长的各种差异,目的是为双方提供一个共同面对问题的机会,同时保障家长和孩子的利益,并营造出和谐良好的家庭气氛。

孩子需要通过争吵获得自我肯定，学习尊重他人

近三十年来的儿童心理学研究证实，孩子的每一种行为都是为了满足内心深处的需求。在漫长的童年生活中，孩子们努力地学习和发展成长所必需的各种能力。而争吵也是孩子成长过程中的一个不可或缺的环节。

在争吵中，孩子清楚地认识到自我肯定的重要性，这是他们成长和发展最关键的推动力。争吵是难以避免的，交际双方都有实现自我价值的需求，所以，不妨把争吵看作是一种表达自我、展示自己的能力和潜力的方式。

与此同时，争吵还意味着孩子在限制中获得了更好地认识自己的可能性。同龄孩子的存在，对于"我"的主观意志是一种限制，可以激活双方自我调节的机制，从而让孩子获得与他人交往时必备的认知、反应和探索能力。

也只有在这样的模式之下，孩子才能学会认识并尊重他人的存在。

> 对于孩子来说，争吵是一个实现自我价值的机会，
> 同时也是争吵双方进行自我调节的机会，
> 这两个机会是孩子在世界上找到自我"定位"的保障。

但我们不能说,孩子们喜欢吵架。因为生气,学会处理矛盾,体验对抗、失望和限制,发现和探索如何有效地兼顾自己的意愿和他人的需求,这些对于孩子来说都是很不容易的事情。但为了塑造健康、开朗的人格,这些艰辛的过程又是必经之路,争吵能够带给孩子们有意义的满足感,让他们变得更自信。

孩子们如果从不吵架,没有面对冲突、处理矛盾的经历,很大程度上是不健康的。在当今世界,这样的例子有很多。很多家庭里出现了"小霸王",他们主宰着父母的生活,但这些孩子无论在心理还是生理上都是不健康的。

> 心理学家们一直在强调,争吵和冲突在儿童成长过程中扮演着至关重要的角色。
>
> 20世纪80年代,意大利最早开始致力于研究儿童之间的争吵的学者是博洛尼亚大学的费里切·卡鲁加迪、罗马大学的克洛蒂尔德·彭特科尔沃和安娜·奥利维里奥·费拉里斯。他们在经过一系列研究之后得出结论:孩子之间的冲突和矛盾,绝大多数都以口头的争吵为主要表现形式。这种形式既是个人认知,也是社会认知重组和进步的重要引擎。[6]
>
> 1988年,都灵大学的西尔维娅·博尼诺曾开展一项实验,研究主题是18~36月龄孩子在争吵中的攻击性。她认为:"孩子在这么小的年龄就可以构建处理冲突的能力,

> 这一创造性的能力显然和来自成人的干预密不可分。"[7]这一结论也显示出家长的干预和争吵的频率之间有密切的联系。

帕维亚大学教师、心理分析师西尔维娅·维杰蒂·芬兹曾表示：

> 儿童都是以自我为中心的，他们还无法站在他人的角度设身处地去看待和思考问题，也无法找到那些可以调节双方关系、让彼此适应的方法。两个儿童的相处，其实就是两个超级自我中心的主体的碰撞和冲突，这一过程会不可避免地让双方都感到沮丧和失望。
>
> 但是这些碰撞和冲突对于儿童的成长却是非常有益的，会迫使他们重新认识到自己并不是无所不能的，世界也不是以自己为中心的。也只有这样，他们才能认识到，其他人并不是只为服务他们而存在的，自己的愿望也不可能都得到满足。为了保持良好的人际关系，并使这种关系得以持续和发展，就必须妥协和退让，考虑和尊重他人的需求。
>
> 这样一种全新的认识，是人类一切关系的基础，儿童正是通过和同龄人的交往和冲突才获得这种认识的。[8]

阿尔巴·马尔科力也表示：

> 生活在一个没有争吵的环境，假装所有事情都一帆风顺，人生也不存在烦恼，会导致儿童缺失心理层面的能力。这就意味着对儿童的"过度保护"会导致他们无法面对未来的困难和挑战。如果儿童在日常生活中亲身体验过争吵，明白和世间万物一样有其存在的意义，他们在面对争吵时就不会感到害怕，而且还会主动地处理问题；反之，没有经验的儿童面对争吵时会感受到威胁和不确定。正如我们对所有未知的事物都有一种莫名的恐惧，会从心理上对这个事物产生抗拒。[9]

这里也有一个例子。5岁的卡罗在公园独自玩木棍。来了一个孩子，推了卡罗一下，并从他手中抢走了木棍。卡罗立刻反击，对那个孩子喊道"不可以！"，又把木棍拿了回来。这是孩子肯定自我意识（"我要那根木棍！"）的典型场景，随之导致另一方自我肯定的反应（"那根木棍是我的，我要拿走！"）。但在这样一个动态交际过程中，也创造了一个制衡点："我"可以肯定自我的需求，但"我"也必须认识到他人的存在，并考虑他人的需求。这个互相争夺木棍的过程，不能被简单地理解为孩子没有分享精神。事实恰恰相反。争吵正是孩子们"分享"木棍的方式：争吵并不是对双方关系的否定，而是那个年龄的孩子在某一特殊场景之下，最恰如其分地定义双方关系的方式。

越来越多心理和认知层面的证据表明，孩子是非常有能力的。他们具有认知事物的概念、价值以及评价标准的能力，这一能力指导他们行动，并让他们自主有效地学习。

而成年人总是以教育孩子为己任，把孩子看作是一张白纸，要在这张白纸上写上和画上那些所谓的社会和人生必备经验。家长在孩子的成长过程中扮演着至关重要的角色，但这个角色应该是期待性和引导性的，而不应该总是有意识地去控制和指挥孩子。

如果我们希望孩子通过争吵获得成长，那就不应该过分强调家长的"教"，而是要给孩子创造自主学习的条件。

正向亲密关系：越是好朋友，越爱争吵

促使儿童寻求与同龄人互动的首要需求是建立亲密关系。他们寻找的是一种接触，一种亲密，一种具有融合特征、与他人互动的关系。这种模式强调突破自我，与人接触。这种接触通常以肢体接触为主，或者以儿童在争吵中自由使用身体和语言为特征。

从这一视角出发，我们发现很多针对 3 ~ 10 岁儿童之间的争吵的科学实验揭示了一个有趣的现象：儿童的友情与儿童的争吵之间有着某种奇妙的联系。

> 1995年，莫斯科大学文化人类学研究所的教授玛丽娜·布托夫斯卡娅对6～7岁的男孩和女孩争吵与和解的模式进行了研究。[10]
>
> 结合以往民族学研究的成果和观察数据，布托夫斯卡娅做出了八种假设，并通过研究数据分别对这些假设进行了验证。
>
> 她所做出的第二种假设为："争吵和友情之间的关系为反比：儿童之间的关系越好，他们之间吵架的频率就越低。"事实推翻了这一假设。"通过对建设性游戏、空间内的接触以及互动关系的质量等测试数据的分析，我们可以证实，与预期假设相反，儿童之间的争吵与他们之间的亲密程度成正比，而不是反比。也就是说，与那些关系紧密的儿童们相比，那些关系不紧密的儿童之间很少发生争吵。"[11]

朱迪·邓恩关于兄弟姐妹关系的研究[12]结果也证实，兄弟姐妹之间的争吵，明显要比好朋友之间多得多。"进入幼童时期，不论是频率还是数量，兄弟姐妹之间的肢体冲突要比与家庭以外的儿童的冲突多很多。"[13]

这意味着儿童的争吵具有很明确的指向性。儿童会与他们感兴趣的同龄人发生争吵，这也证明儿童争吵的对象不是偶然的，而是有选择性的。

说到底，争夺玩具时发生的争吵，其实就是因为某个孩子想要另一个孩子的某个玩具,这个东西吸引了"我"的注意力,或者仅仅是因为他有"我"也想要的东西。

本章的案例也充分印证了这一观点:争吵其实是一种相互的关注。

> 不要担心,孩子们争吵并不是因为他们不爱对方。

儿童之间的情感交流,特别是兄弟姐妹之间,是以无休止的争吵为主要表现形式的,争吵恰恰是他们关系亲密的证明。比如我们经常看到哥哥正在学习,妹妹却总是来打扰他。最后,妹妹终于安静下来自己玩耍,可让人不解的是,哥哥又对妹妹手中的玩具产生了兴趣,其实妹妹不玩这个玩具时,他根本不记得还有这个东西。

7岁的卢卡从来都不喜欢吃奶酪,但一天晚上,6岁的弟弟要吃奶酪,而奶酪是当时家里唯一的食物。妈妈也没有想到两个人都要吃,所以根本没有准备足够多的奶酪。因此,两个人就为了争夺奶酪吵了起来。

又或者两个人本来都不愿意帮妈妈干活,突然,5岁的妹妹西尔维娅表示愿意帮助妈妈,7岁的安娜也表示一定要帮妈妈,并且要求妈妈只让自己帮助她,结果安娜和妹妹也发生了激烈的争吵。

依据传统观点,大家都会认为这些孩子的所作所为只是为了吸引父母的关注。当然,父母的关注的确很重要,但如果能从亲密关系的角度来理解孩子们的行为会更加有益。这种需求会促使儿童在交际互动中肯定自我的不可取代性，虽然这种需求会给家长带来烦恼和困扰，但对孩子们来说却很寻常。

事实上，特别是在兄弟两人之间，互相掩护甚至成为"共犯"是一种非常普遍的现象。或许我们可以把这种现象看作是孩子们在面对成人世界的入侵和威胁时的一种自我保护。孩子们这么做当然也有风险，他们有可能会受到父母的惩罚和约束，因此在绝大多数情况下，兄弟之间能和平相处。但即使他们发生争吵，也只是一种表象，实际上表现了孩子们需要互相接触和构建亲密关系的需求。

在争吵中完善自我认知，学会主动放弃

每当谈到孩子们之间的争吵，特别是发生在兄弟姐妹之间的争吵，我们总会说："他们就像猫见了狗，水火不容。"这种争吵有自己的模式和规则，就好像两个仇人一样，总是在寻找对方的缺点，和对方过不去。

但是 0 ~ 6 岁孩子的争吵在目的和方式上有些不同。除了我们上文提到的构建亲密关系的需求，这个年龄段的孩子还有一个重要的需求，即探索的需求，他们需要认识和了解如何与他人相处。

这一需求对于孩子来说至关重要。通过亲身实践检验自己的能力，或者通过特殊的方式肯定自己的权利、力量和个性，

孩子会在这个过程中逐渐认识到自己是一个与别人不同的独立个体。这一关键性的需求促使孩子认识到自我能力的边界，而成长正是这一认知能力不断发展和完善的过程。

> 孩子小时候的社交对象主要是父母，随着年龄逐渐增长，他们的关注对象成了同龄的小伙伴。此时，他们成了"社交团体"的一员。这是他们成长过程中至关重要的一个环节。从探索发现的角度来看，这一环节将对儿童的个体发展产生长时间和深远的影响。当然，儿童时期所有形式的探索和发现都会产生长期的影响。儿童时期学习音乐和绘画轻而易举，但成人却难以掌握……反之，如果一个孩子被迫远离社交互动，无法加入社交团体，长大之后，他在人际交往中会遇到巨大的困难和障碍。……被成人过度保护的儿童面对复杂的人际关系时会不知所措。没有兄弟姐妹陪伴的独生子女甚至可以说直接输在了起跑线上。[14]

我们来想象一下两个正在争吵的儿童的心理活动："我能不能成功得到我的兄弟或朋友正在玩的玩具呢？""我能让妈妈知道我比卢卡更有道理吗？"

这种心理活动意味着孩子需要接受自己的局限性。他们认识到自己并不是无所不能的，所以有时必须要学会放弃。在人际交往中，放弃并不意味着失败，反而是一种学习。从放弃中，我们可以学会理解他人和自己。

主动放弃是人际交往中的一个重要原则。这是什么意思呢？一个孩子正在和同伴为某一物品争吵，他想尽一切办法想要取得胜利。他坚持又坚持，但最后不得不放弃，这个时候他通常会说："其实我不喜欢你的玩具，我很讨厌它。我现在去玩更好玩的玩具，但是我是不会让你和我一起玩这个玩具的。"

在现实生活中，这两个孩子很可能过不了几分钟就会像什么事都没发生一样，继续开心地玩耍。这正是主动放弃原则起到的重要作用，它会促使孩子发展出一种更具有创造性的思维。这一点我们将在下一章中进行详细解释和分析。

在互相"斗嘴"中学习表达立场

我们必须认识到，儿童间的互动与成人间的互动意义不同。在成人世界中，我们总是尽量避免没有意义地打扰别人。但对于孩子来说，没有什么所谓的无意义行为，正如对他们来说没有什么是坏的、错的或不合适的。他们的一切行为都是以深层次的需求为出发点，或者说是以获得优势为动机。那些在妈妈看来毫无意义的蛮横和霸道的行为，虽然不至于引起什么严重、可怕的后果，但从心理学角度来看，是孩子认识自我的好机会。其实践意义体现在让孩子学会和自己的同龄人分享他最喜欢的某个东西。

有时候，儿童会通过不停地和同龄人争吵来掩饰想要展示和确认自己能力的意图，同时证明别人对自己的判断都是错误的。

比如这样一组对话：

"我爸爸有一辆非常漂亮的车，比你家的车还漂亮。"

"才不是。我爸爸的车比你家的车更漂亮。爸爸还说，等我长大了就把车送给我。"

"等我长大了，我爸爸会送我一辆比你的车还要漂亮的车。你的车不可能比我的车更漂亮。"

"我的漂亮！"

"不，我的漂亮！"

"不！我的才漂亮。"

又或是：

"我跑得比你快。而且我一直跑得比你快。"

"才没有。你说的不对，上一次咱们比赛跑步，我就赢了你。"

"不对。你说的才不对。你才没有赢我，你抢跑了。如果咱们同时出发，我肯定赢你。"

"不对不对！是你错了！我们是同时出发的，而且我就是赢了。"

"你乱说！要是咱们一起出发，那赢的肯定是我！"

这就是低龄儿童争吵的典型方式，凯瑟琳·卡尔维曾深入研究过这个主题[15]。

幼儿的这种争吵模式，显示出他们还不会使用有逻辑的语言（因为在这个年龄，孩子的逻辑思维模式发展得还不成熟，所以语言表达也不够准确），却充分显示出他们迫切想要展示并肯定自己的能力。

这些争吵看起来更像是一种斗嘴游戏。你说东，我就说西，而且是一个永远无法自行结束的游戏。就好像有一种神奇的魔法，争吵双方都喜欢打断对方的话，而且说的话都是对立的，双方你来我往，每一次都要在自己的发言中加上独一无二的个性化词语。

正是这个有趣的游戏，让孩子们的争吵呈现出一种不断进化和发展的表象，孩子们因此得以展示自己的自我控制和管理能力。

斗嘴游戏展现出深刻的儿童文化特性。这种争吵不是一场战争，没有任何暴力成分，只是一个学会表达自己、发表自己的观点、找到自己的定位的过程。

在这个过程中，胜负并不重要，重要的是有争吵的机会。通过争吵，孩子们可以肯定自己的想法、自己的存在以及存在的方式。争吵后的和好是自然而然的结果，因为争吵的目的并不是要争个输赢，而是为了玩"争吵游戏"。这一模式对于儿童来说是完全可行的，对于成人却不适用。因此，我们无法拿成人间的争吵和儿童间的争吵进行比较。

不满 6 岁的孩子不具备在争吵中伤害对方的能力

如果某个家长对正在和同伴吵架、打闹的儿子说："别打啦！你会伤到别人的。"这个不满 6 岁的孩子可能都无法理解这句话的含义。

孩子其实并没有伤害他人的意图，这个年龄的孩子不会产生这样的想法。正如我们之前所提到的，根据让·皮亚杰的理论，7 岁之前的儿童思维具有显著的前运算性：儿童的行为主要以满足即时以及感官的需求为主，也就是立即满足自己的需求。

这一思维模式，决定了这个年龄的儿童没有能力预见到自己的行为将导致的后果，更不用说刻意地去计划和谋划某一行动。

5 岁的幼童不可能想出这样的办法："我偷偷拿走一样零食。但我在放零食的柜子里放一个我哥哥的玩具，这样妈妈就会认为是哥哥拿走了零食。"这种推理建立在时间和空间的有机结合之上，具有"互推互证"的特点。它要求儿童依据空间和时间因素，组织和策划自己的行动。当然这样的儿童并不一定不存在，那必须是所谓的"天才"儿童，是那些 5 岁就能够解方程的神童。

通常情况下，我们的孩子在偷拿零食的时候并不会考虑后果。如果刚好哥哥或者姐姐被父母认定是始作俑者，他也只会偷着乐，而且发誓不是自己干的。孩子的这些所作所为都不是刻意为之。

这些行为都是机会主义的明显表现，而且唯一的目的就是让自己获得好处，并且不被父母批评。也正是这种思维模式，帮助他们发展了自己的逻辑推理能力。比如，孩子说去洗手了，回来的时候也信誓旦旦说自己肯定洗了，但事实上可能连水龙头都没有打开。如果他的行为被揭穿了，或许从下次开始，他会打开水龙头，但是手还是没有洗。当然，也避免不了再次被父母发现。

> 人类学家关于攻击性的研究显示，人类在幼儿时期发生的争斗具有进化和发展的特性，而不是以扫清对手为主要目标的主观行为。
>
> 又比如尚茨[16]关于学龄前及学龄儿童攻击性行为导致的意外的研究，就显示出儿童在争吵中采用的属于身体和语言攻击的策略只占相当低的比率（学龄前儿童为5%，学龄儿童为4%）。

在人生最初的六年里，儿童免不了磕磕碰碰，但绝大多数都是意外造成的。等到了青少年时期，就几乎很少出现受伤的情况。退一万步说，只要儿童身心正常（患有严重孤独症的儿童除外），他们之间的冲突并不会导致真正意义上的伤害。例如，在为测试"好好吵架法"的有效性而开展的研究中，我们出乎意料地发现一种现象——情感失禁现象，表现为无法控制情绪。这是一种非常罕见的现象。它可能会发生，特别是对那些有情绪管理困难的儿童来说,但这并不是导致儿童之间发生争吵的主要因素。

7～11岁的儿童并不是本书的主要研究对象,他们的争吵更多受到外界因素的影响,表现为交际冲突,凸显出情感交流上的障碍。

如果在幼童时期没有好好吵架的经历,长大后,他们会在情感上感到痛苦和不适应。如果在幼童时期不那么活跃的强烈情感在这一时期被激活,他们有可能会策划一些报复行动。

儿童拥有迅速和好的能力

研究(包括我和我的合作者卡特莉娜·迪·齐奥就"好好吵架法"所进行的一系列研究)数据显示出一个有趣的现象:儿童有迅速和好的能力。

> 玛丽娜·布托夫斯卡娅在观察6～7岁的儿童时发现,孩子们从开始争吵到和好,绝大多数情况下只需要不到一分钟的时间。
>
> "正如其他众多研究者所证实的一样,我们的数据也同样显示,6～7岁的儿童在争吵之后,不管采用什么样的方式,都会尝试在一分钟之内尽快和同伴和好。
>
> "在比较高级的动物之间也都有这样的趋势……总而言

> 之，我们组观察的儿童之间一共发生了8起争吵，这些儿童分属于不同的年级。他们之间的争吵属于'无结果'型。这也从一个层面证明了如果吵架双方分属于不同的群体，空间和距离会使争吵现象趋于缓和或者消失。
>
> "什么是和好的迹象呢？只是简单地不再争吵或者修复关系吗？我们的观察结果显示，答案是肯定的。与其他高等灵长类动物相比，儿童达成和解的过程有一个显著特点，它由两个阶段构成：当争吵一段时间后，争吵的结束通常以表现和平意图为标志（最常见的形式是道歉）；稍后可能会互相提供糖果或者一起唱儿歌，这些行为的明确意图在于修复受损的关系。在我们的观察中，这两个阶段并不会颠倒顺序。"[17]

一分钟之内和好的确令人感到震惊。但不管怎样，无数关于儿童争吵的实验和研究结果都证实了这一点，特别是学龄前儿童的争吵，基本上都是他们自己解决的，完全没有成人的干预。

在儿童自己解决争吵的方式中，有一类是我们在上文中讨论过的，那就是主动放弃：吵架的儿童中有一人主动放弃了自己的目标，或者说退一步，与他人的目标妥协。绝大多数情况下，在争吵结束后，游戏规则又恢复正常，争吵双方的行为也都恢复到争吵发生之前的正常状态。孩子们的这种"主动放弃"

式和好，经常令家长感到不可思议。

我们常常会看到，前一秒两个孩子在吵架，后一秒两个人都笑了起来，或是更换了游戏主题，两人也就不再争吵了。别忘了，孩子们是具备快速和解的能力的。

而作为家长的我们，也获得了一个绝佳的帮助孩子们的机会：运用正确的方法，帮助他们发展这种与生俱来的能力。

Part 3
第三部分

如何运用
好好吵架法？

第 6 章

好好吵架法四大步骤

——有效解决孩子的冲突和争吵

> 我们吵架了,她哭了,我生气了,
> 我们用最恶毒的语言咒骂对方:"你真是个蠢货!"
> 然后我们又和好了。[1]
> ——西蒙娜·德·波伏娃《一个规矩女孩的回忆》

家庭教育的真正目的

莱蒂琪娅

我记得大概 9 岁时的一天,我和哥哥弗兰切斯科、两个表兄以及我的一个朋友一起在我家附近的空地上搭建了一间小房子。之后,我和小伙伴们精心装扮它,我们摆放了一瓶蒲公英,一些捡来的旧车座椅和一些小凳子……我们的房子实在是太特别、太可爱了,很快就引起了别的小伙伴的注意。

我朋友的哥哥朱塞佩(一个在当时的我看来有点"讨厌",但今天我会说他"很有能力"的小伙子)不断尝试想要和我们一起玩,而且锲而不舍地想要改变我们小房子里的布置和摆设。后来有一天,我和小伙伴们第一次决定在小房子里吃金枪鱼面的时候,我们和朱塞佩之间的"战争"爆发了。朱塞佩突然出现在我们的小房子里,还坚持要坐下来和我们一起吃饭。我们当然是拒绝的,因为在我们看来,这是我们建造的房子,而他没有做出任何贡献,他根本就是一个局外人。就在我们大喊大叫、你推我打的时候,我的妈妈来了。她倾听我们每个人的诉说,安抚朱塞佩并成功让他平息了怒火,然后帮助我们重新分割小房子里的空间,并给我们每一个人布置了装饰小房子的任务和工作。

今天想来,我妈妈那一天的举动,不仅平息了我和小伙伴们的争吵,更重要的是让我们认识到我们创造出的小房子是那么独特。大家都喜欢它，当然也包含朱塞佩，虽然他当时年龄比我们都大，而且有点"讨厌"，但从那一刻起，他也加入了守护小房子的队伍中。

教育是一个有组织的系统，家长应当具备必要的知识，才能做出正确的举动和决定。家长不能只站在自己的角度教育孩子，而是要站在孩子的角度考虑如何引导他们，才能达到教育的目的。

> 所谓的父母的天性对于孩子的教育并无益处。
> 如果没有合适和恰当的方式方法，
> 父母对孩子的教育就很容易走入误区。

如果将父母看作一种职业，那么，必要的知识、合适和恰当的方式方法尤为重要。在此，我想探讨一个问题——很多6岁甚至超过6岁的儿童仍然和父母睡在一起。也许很多家长对此不以为然，他们觉得只要和孩子亲近，教育问题就好解决了，殊不知这样的想法很危险。

> 2007年，我和心理和平与冲突管理中心的同事一起完成了一项实验，我们共招募了180名来自意大利6个不同城市的小学一年级儿童，研究他们是否独立睡觉。我们采用的是直接访谈的方式。访谈结果显示，60%的孩子长期整个晚

> 上或者大部分的晚上都和父母睡，甚至有人每天晚上都和父母睡。[2]

时至今日，在向父母们提供家庭教育咨询服务的时候，我发现孩子和父母同睡这一现象依旧非常普遍。虽然我研究这一问题已久，但我还是无法理解这些高学历、高智商的父母为什么会允许已经长大的孩子继续睡在父母的床上。更不用说那些离异的父母，孩子代替另一半继续留在大床上已经成了非常普遍的现象。尽管没有任何科学研究和理论显示，让4岁以上的孩子继续和父母睡有利于家庭教育，但这一现象还是普遍存在。

家长如果想要孩子健康成长，就必须和孩子保持适当的距离。孩子有隐私的需求，也有巩固自信的需求，和大人分开睡是孩子成长中非常重要的一个阶段。尽管如此，由于缺乏关于分床睡的教育知识和理论，很多家长有各种各样的借口。有人说："不让孩子和我们睡，他会哭的！"还有一个妈妈对我说："我白天工作很忙，没有时间陪孩子。这样，至少晚上我可以陪陪孩子了。"这些话看似很有理，让人无法反驳，但其实有百害而无一利。

> 成为完美的父母对孩子来说不仅不可取，
> 甚至可能很危险，至少在心理层面是这样的。

家庭教育并不是要追求完美,而是要尽力让我们的孩子、自信地成长,积极开朗地面对人生中的挑战。

选择合适的教育方法意义重大

在教育领域,教育方法指的就是教育者采用的一系列系统化的措施,旨在帮助孩子达到既定的学习目标。

好好吵架法建立在一系列科学的假设之上,通过教育实践得到检验。它由一系列系统化的干预模式构成,具有可操作性。接下来,我将向所有的父母和老师详细介绍。

在上一章中,我着重从心理发展的层面探讨了这一方法的可行性,在下一章我将主要通过一些具体事例,从那些我定义为"成长保护因素"的层面,分析使用这一方法能实现的目标和好处。那么,本章的目的就是解释清楚这一方法在实践中到底是如何运作以及如何展现出成效的。

好好吵架法是我二十年研究和实践的成果。我的研究工作深受两位前辈的影响,他们都是20世纪意大利教育领域的先驱者和集大成者。第一位是达尼洛·多尔奇,他是一位杰出的社会学家、教育家,也是20世纪五六十年代"西西里非暴力不合作"运动的积极分子。他开展的社会研究,不论是以成人还是儿童为对象,都带有"产婆术"的特点。根据这一教育原则,教育者不需要说教,只需创造出合适的条件,让每一个受教育对象的能力都得到充分展示,就能找到最恰当的方式和方法促进个人和群体的成长。我把达尼洛·多尔奇看作我的导师。我年轻的时候有幸结识了他,并和他共同工作了十多年。正是这一经历,给我日后的研究提供了坚实的基础,如今仍然激励着我不断前进。

第二位前辈是意大利乃至整个教育史上最伟大的儿童教育家玛利亚·蒙特梭利。她倡导的蒙氏教育法让孩子们"自己做自己的事",而我的教育方法也深受她教育理念的影响。好好吵架法体现了蒙氏教育理念的精髓:"帮助我,我去做"。"产婆术"强调的也正是这一法则:不是代替孩子,而是帮助他们,推动他们做自己能做的事。

好好吵架法　本方法的目的在于帮助孩子快速地发现自己的能力和潜力。不需要家长喋喋不休,也不需要指责和批评,让孩子在面对冲突和矛盾时可以正确处理。这些重要的经历和经验,将使孩子终身受益。

为了证实好好吵架法的有效性,意大利格鲁利亚斯科及都灵的幼儿和小学生参与了一项特别的实验。[3]这次实验的结果向我们展示了孩子们如何展现自己的能力,并独立自主地、圆满地解决自己和同伴之间的争吵。

父母双方要有一致的教育理念

关于儿童教育,我们还要特别注意的是,父母双方必须就教育的规则以及方法达成一致。因为儿童教育是一项团队工作,虽然在现实生活中,绝大多数情况下是妈妈负责孩子的教育,而家庭教育的方法、规则基本上也都是由妈妈决定的。

因此,当爸爸或妈妈决定采用某一种教育方法,而且还是一种全新的、从未在他们自己的童年里体验过的一种方法,那就更需要父母双方一起学习这种方法。在具体实施的时候,成年人的个体不确定性或对该方法不充分的实践和应用并不会造成实际问题,但父母双方如果没有一致的教育理念,就必然导致这种教育方法没有成效。因为,一致的教育理念是一切家庭教育的基础。

家长对孩子的指令应当清晰明了并保持一致。只有这样,孩子才能更好地认知自由的边界。从情绪认知的角度来看,孩子也会感到安心。

我还记得有一位妈妈,她的两个儿子成天吵架,其中一个孩子甚至已经出现了心理疾病的征兆。这位妈妈非常焦虑地寻求我的帮助,希望我能提供有效的解决办法。但是,她时不时推迟和我的会面,因为她的丈夫不希望她来咨询。她的丈夫不仅不了解我们的教育咨询,而且还坚持认为我提供的方法不一定可行,因为他觉得"棍棒底下出孝子"的传统教育方法最有效。他认为,教育孩子还是得该打就打。但遗憾的是，他奉行的教育方法并没有带来期待的效果，反而使情况越来越糟糕。

关于孩子的教育，父母需要互相交换意见和看法。家长们花了大量的时间和精力谈论很多事情，但唯独没有探讨教育孩子的问题，除非到了逼不得已的时刻。但事实上，父母应当持续地沟通与对话，甚至那些离了婚的父母也不应该放弃沟通，只有这样，才能在孩子的教育问题上结成一个有效的联盟。

> 当今父母面对的真正挑战在于：
> 花时间分享和探讨孩子的教育计划。

因此，我强烈建议爸爸和妈妈一起阅读本章的内容，并一起做决定。我们的方法并不需要钢铁般的纪律，但需要父母先广泛地讨论，分享各自的观点和意见，以及希望达到的目标和效果，最后再决定使用何种方法。

好好吵架法 Step1：退后第一步

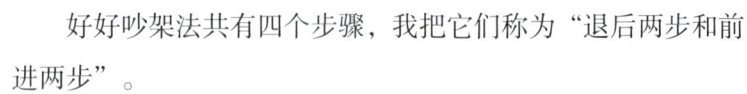

好好吵架法共有四个步骤，我把它们称为"退后两步和前进两步"。

为什么要退后两步呢？这个步骤至关重要，因为家长受到传统教育理念的影响太深。所以，面对孩子们的争吵，家长们

在采取任何措施之前，首先需要知道什么是不能做的。

> **好好吵架法**
>
> 退后第一步：
> 不要寻找过错方。

马里奥 / 6 岁

昨天我和弟弟在花园里吵架了，因为他把我的球踢到垃圾桶里去了。我非常生气，狠狠揍了他五分钟。倒霉的是被妈妈看到了，我们两个都受到了惩罚。二十分钟的惩罚过后，我和弟弟也和好了。我们把球捡了回来，然后又一起踢球玩。

正如我们看到的，家长往往采用同时惩罚争吵双方的办法来解决问题，而寻找过错方几乎是必不可少的步骤。

茱莉亚 / 提齐亚诺（12岁）和西蒙尼（9岁）的妈妈

我解决争吵问题的方法很大程度上取决于我当时的状态。如果我不太累的话，我可能会尝试冷静地了解一下到底发生了什么。显而易见，他们两个讲述的版本各不相同，那我就只能根据我的理解决定谁对谁错，我还会请有错的一方道歉。当然，这种情况不太常发生。通常情况下，他们很快就和好了。

但是，如果当天我很累，既没有精力也没有时间，我就直接判定是西蒙尼的错，虽然他是弟弟，但我觉得他有点霸道，而且有攻击性。提齐亚诺通常只是爱挑衅，如果弟弟真的发起疯来，他就成了受害者。结果经常是弟弟因为自己受到不公正的待遇愤怒不已，提齐亚诺就在那里偷着乐。这个时候，战火就烧到我这里了，兄弟中总有一个人开始生我的气。我只能收拾这个和我生气的家伙，让他知道不懂道理、不听话的下场。

上面这两个故事中的家长采用的都是典型的传统教育方法。"是谁？是谁开始的？是谁的错？谁是对的？"这些问题只能表明一个很模糊的公平概念，通常那个最后被发现的人肯定就是过错方。又或者是像茱莉亚所说，完全是按照家长的主观判断来决定对错。事实上，家长这种对于争吵片段的解读，很大程度上是建立在对孩子的偏见之上的。

> **好好吵架法** 避免直接参与孩子们的争吵。不要判断谁是对的，谁又是错的。不要把自己变成法官，也不要给过错制定等级。

通常情况下，妈妈们在干预孩子们的争吵时，总是倾向于袒护弱小的（或者在妈妈眼中看来弱小的）一方。这样做会导致两个问题：

首先，孩子们之间的争吵，其实很难分辨出谁是对的，谁是错的。是谁的错？是谁挑衅的？谁打人了？谁不愿意分享玩具？谁又用武力解决问题了？是谁在捣乱？谁在最后大喊大叫了？这些都是无效的问题。

其次，寻找过错方就意味着主观认定必须有过错存在。但正如我们在第 4 章和大家分析过的，这个年龄段的孩子并不具备策划实施过错行为的主观意图。

家长以这样的方式干预孩子们的争吵，只会让孩子愈发觉得争吵是让家长烦恼、讨厌的行为，还会让孩子认为争吵是难以面对、难以解决的困难。

而家长越是扮演法官的角色，孩子们就越是吵得难解难分，整个家庭都会陷入一种恶性循环。孩子们也无法施展自己与生俱来的能力和本领，愈发依赖爸爸或妈妈的保护，或者说是为了满足爸爸、妈妈期待帮助他们的愿望。因为他们很清楚如何控制父母的行为，以及如何让父母更多或者更少地干预自己。

露琪亚娜 / 萨布丽娜（7 岁）和苏珊娜（4 岁）的妈妈

我把姐妹两个留在她们的房间里。一切似乎都很平静，而且她们玩得很好。我就去厨房做晚餐。突然，我听到叫喊声，然后妹妹就哭着跑过来找我。我忍不住赶紧问她："这次又是怎么了啊？"我知道自己不该这么说，但我觉得姐姐年龄大，就应该像妈妈一样照顾和爱护妹妹。因此，我只好对姐姐说："来吧，帮帮你妹妹，让她也安静地玩一会儿。"

面对孩子们的争吵，家长们普遍有一种焦虑：必须要立刻做某事，或者给出一个答案，或者找出是谁做的某事。在这种情况下，爸爸或妈妈，甚至两个人都把解决孩子们的争吵看作是自己的分内之事，是一件需要掌控在自己手里的事情。这就等于直接告诉孩子们：争吵的问题不能自己解决（"有问题就叫我！"），而且还需要让父母告诉他们什么是对的、什么是错的。这样一来，孩子们就完全丧失了自主管理的能力，从而愈发依赖父母的干预和帮助。

这里还有一个很有代表性的故事。姐妹俩因为一个取笑另外一个而发生了争吵。"你就是个胆小鬼！"被嘲笑的妹妹哭着去找妈妈告状："姐姐笑我是个胆小鬼！"我们可以清楚地看到，即使只是姐姐的言语挑衅，妹妹都没有能力应对，只能寻求妈妈的帮助，或者更恰当地说是庇护。

因此，退后一步，放下那些没有意义的担心和害怕吧。如果出现问题，不要急于去帮助孩子们，因为这样会大大削弱父母在孩子心中的威严形象。

除此之外，家长们担心孩子们吵架是因为不爱对方。在这种情况下，家长们急于寻找争吵的过错方，而且希望孩子们尽快和好、恢复和平，因为正是争吵破坏了这种和平状态，而似乎只有和平友好意味着互助互爱，意味着和谐安宁。

长期以来我都在和这种自我麻醉式的教育理念做斗争。这种理念最大的问题在于，它把互助互爱与争吵对立起来，好像二者有着不可调和的矛盾。父母传递出来的信息很明确：如果吵架，就是不爱对方；又或是吵架就是不爱父母的表现，因为这会让父母担心。结果就是让孩子们感到紧张甚至是焦虑。

> **好好吵架法**
>
> 面对孩子们的争吵，忘掉那些让你不由自主想要主持公道的想法，把争吵看作一个学习的机会吧。想一想，我们的孩子能从争吵当中学习到什么？

只有一种情况需要家长毫不犹豫地干预，那就是发现孩子们在伤害对方的时候，这是为了保护孩子。我们也会看到，制止孩子们的肢体伤害并不会影响随后的教育措施的效果。

好好吵架法 Step2：退后第二步

既然不能惩罚过错方（毕竟家长们也不愿意对孩子们过于严厉），那么这里有一个看起来正确也很"民主"的解决争吵的方法。

家长伸出自己的手，拥抱孩子，给他们一个吻，然后记下这次是谁的问题……这似乎是一种合情合理的解决问题的方法，源于常识也符合通常的假设——因为孩子们做不到，他们还小，所以应该由家长来帮助他们。每一种争吵都有解决方法，而这种方法只有家长知道。

在这一思想的指引下,孩子们迫于外界压力,特别是来自父母的压力,就不得不和好;同时,不管问题是否得到解决,孩子们都必须保持安静,不能打扰家长。如此一来,争吵仍然会继续。

> **好好吵架法**
>
> 退后第二步:
> 不要给孩子们的争吵提供解决方法。

下面我们一起来看看,面对孩子们的争吵,家长最常提供的解决方法有哪些。

● **强加和平**:家长对于和平与安静非常敏感,而家里时刻充满孩子们吵架的叫喊声,这让他们很焦虑。"够了!不许再吵了,安静!"这是家长们在家里最爱重复的一句话,他们希望用这句话阻止孩子们的吵闹。如果侥幸起了效果,也不会持续很久。为什么呢?因为争吵是被迫中断的,并没有解决争吵双方的实际问题。家长的干预只是暂停了双方的争吵,让孩子们觉得谁再争吵谁就是坏孩子。通常情况下,那个更"狡猾"的孩子会不断地再挑起战争,打破妈妈费尽九牛二虎之力强求的和平与安宁。

> 强加和平是没有用的,因为孩子们并没有解决自己的问题,只是迫于外力暂时妥协。

贝阿特丽切 / 9岁

很多时候,我和妹妹都在为一些鸡毛蒜皮的小事争吵。比如有一次,妈妈给我们买了两个毛绒玩具,一个白色一个黑色。我们都想要白色的那个,结果就吵了起来。妈妈听到我们在吵闹,就过来看发生了什么事情。鉴于我和妹妹总是吵架,妈妈疲惫不堪,她大声批评了我们,并告诉我们不许再吵了。从那天起,我和妹妹约定,下次吵架的时候千万不要让妈妈发现。

● **判定某一方是对的:** 主要体现为家长们绞尽脑汁要寻找出谁是对的,谁是错的,最后不得不承担起法官的角色。被判定为过错方的孩子会感觉受到了不公正的对待,同时也期待着下一次父母会袒护自己;而被袒护的一方也立刻意识到父母是如何保持平衡的,因此双方很快又会争吵起来。

西蒙娜 / 里卡多(8岁)和皮耶特罗(5岁)的妈妈

通常,我只要一听到弟弟的叫喊声就立刻赶过去,哥哥一看到我马上就说:"我什么也没有做。这次不是我。我不是故意的。"那我就只能两个人一起批评,但一般我都会对哥哥说不要伤害弟弟。因此，哥哥总是控诉我偏袒弟弟。但我只是担心他们会受伤而已。

家长的这种做法让孩子们难以理解，和平状态也无法持续。孩子们无法按照家长的要求做，因为这种要求远远超出了他们的能力范围。

> 偏袒吵架中的某一方，
> 这样的做法并不符合孩子理解人际关系的方式，
> 也不符合他们的认知和思维能力。

让孩子们自主地解决问题，更加符合他们的成长需求。可能在家长眼中，孩子们的行为根本不算是解决问题的方案，而只是一些奇怪的想法。比如："现在我玩，等我玩累了，就轮到你玩！""你先玩，但我要玩的时候，你就给我！"

每个年龄段的儿童都拥有非常特别的适应能力，这种能力让他们知道如何找到自己的位置，处理与小伙伴之间的冲突和矛盾，找到和小伙伴和谐相处的办法。如果我们真的希望孩子自信快乐地成长，就应该尊重孩子的这一能力。

● **干预争吵**：以前，孩子们争吵的时候总是不想被大人发现，但今天的孩子却非常善于引导父母来干预争吵。妈妈们一般扮演着重要的角色。她们判断谁对谁错，但是这一判决往往会引发激烈的反抗:"妈妈,你不公平,你总是偏袒卡特莉娜。那我呢?谁管我?我希望能有一个对我更好的妈妈!"

马努埃尔和艾玛 / 3岁半

马努埃尔看到艾玛正在玩士兵打仗的游戏。他完全被吸引了,靠近艾玛仔细观察了一分钟后问道:"这是什么啊?"艾玛很紧张地回答说:"这是我的!"然后就转过去继续玩。马努埃尔抢走了艾玛的玩具,艾玛哭了起来。很快,艾玛的妈妈赶过来安慰自己的孩子,马努埃尔的妈妈则强迫他把玩具还给艾玛。艾玛不哭了,可马努埃尔又哭了起来。

这样的情况经常发生,吵架中总有一个孩子会哭。问题并不严重,但值得思考的是,家长们的干预其实起不到解决问题的作用,往往还会火上浇油。

家长们最好还是保持中立的态度,鼓励孩子们自己解决他们之间的冲突和矛盾。

迈克尔 / 10岁

那天,我像往常一样守在电视前,下午2点要播放动画片《龙珠》,这可是我最喜欢的动画片。这时,妹妹回来了。动画片刚开始,妹妹就从我手里夺走了遥控器,换到了她喜欢的电视节目的频道——《克里奥化妆》节目。我变得暴躁又愤怒，从她手里把遥控器夺了回来，并对她喊："我先开始看的，我要把动画片看完！"

我们就这样在沙发上争吵起来。妈妈一过来就制止了我们。而让我最不能接受的是，她居然拿过遥控器，更换了电视频道，开始看她喜欢的娱乐节目。

> 干预孩子们争吵的方式和方法可能有千万种，
> 但结果却只有一种：孩子们没有学会自己处理问题，
> 同时也丧失了自信心。

● **指出正确的做法**：家长们另一种典型的干预方法，就是明确指出解决争吵问题的方法和步骤。这种有点强迫症式的做法，绝大多数情况下只能反映出家长的焦虑。

托马斯 / 8岁

昨天，我和妹妹为平板电脑发生了争吵，我借给她用，但她不肯还给我。妈妈过来把我们分开：我回自己的房间，妹妹去爸爸妈妈的房间。妈妈把平板电脑还给我，但是她说，4点半的时候就要轮到妹妹用了。

通常情况下，家长们解决争吵的方法主要是让孩子们轮流做某件事。但这样的做法只强调了一个观念：有人必须等待，而只有妈妈能做出正确的抉择。

塞莱娜和薇奥拉 / 4 岁半

塞莱娜在家,表妹薇奥拉和她在一起玩小火车游戏。突然,塞莱娜哭了起来,因为她想要自己的玩具。妈妈过来告诉她说,等薇奥拉玩过就轮到她玩了。塞莱娜又哭了一会儿,渐渐就不再哭了。

然而,当孩子不愿意按照父母既定的方法行动时,父母该怎么办呢?他们又该怎样处理这个问题呢?现实是,家长在这种情况下往往会感到困惑,甚至是生气。

> 当既定的方法没有效果的时候,
> 父母不但没能解决孩子的问题,
> 反而愈发觉得自己对于孩子是无用的。

● **禁止条例**:"不要做这个""他还小,不要拿他的玩具""睡在你自己的床上""他做作业的时候不要打扰他"……这类禁止条例往往都是家长常说的。

马可 / 7 岁

昨天下午,我想玩电子游戏,弟弟想要玩桌上足球,我们因此吵了起来。爸爸过来制止我们，对我们说："不许玩电子游戏。"没办法，我们只得和好，然后一起去玩桌上足球。

禁止条例可能会有用,但它忽视了争吵双方的相互依赖性，特别是兄弟姐妹对彼此的强烈吸引。

禁止孩子们争吵会剥夺孩子们重要的社交和沟通需求。

● 粗暴制止："妈妈说不要再吵了。"7岁的法比奥说。"妈妈不停地说，'快停下来！你们太让我心烦了！'"8岁的卢卡这么说。露琪亚也坦诚地说："有时候我们就真的不吵了，有时候不会。"

宝拉 / 10 岁

我正在花园里和我最好的朋友一起玩，我们玩得很开心。大概十分钟之后，我们之间爆发了一场"战争"。她想玩捉迷藏——老掉牙的游戏！但是我想踢足球或者打排球……结果就是我被妈妈带回家，她冲我吼道："够了！别吵了！"然后一切恢复了平静。

后来我去朋友家玩的时候，也发生了同样的事情。但不管怎样，她都是我最好的朋友。

这个故事的结局有些令人发笑。两个好朋友因为无法决定玩什么而争吵，妈妈们的干预也解决不了问题，她们的经典台词是"够了！"，好像这个问题是一个无解的循环。这个经典案例时常发生，但其实孩子们有能力解决他们的问题。

> 孩子们知道父母随时随地、无时无刻都会
> 伸出援助之手，就不愿意激活自我约束和
> 自我调节能力，自己去面对和解决问题。

下面的故事很清楚地告诉我们，孩子们在妈妈的支持下能够陈述自己的观点，并弄清之前的问题。

罗贝尔塔 / 9岁 和西蒙尼 / 7岁

罗贝尔塔："你来到我的房间就乱翻我的东西，我的玩具娃娃都被你弄坏了，那是我阿姨去年送给我的。所以我用书砸你的头，因为你毁坏我的玩具是不对的。"

西蒙尼："你砸痛了我，非常痛。我不是故意破坏你的玩具，我当时是在找《十万个为什么》这本书，我怎么找都没找到。"

罗贝尔塔："如果你在找《十万个为什么》，你也得征得我的同意再翻我的东西啊。"

西蒙尼："好吧……我下次会注意的。现在你能把书给我了吗？"

这两个孩子之所以能进行沟通和交流，正是因为妈妈采用了正确的方法，支持和引导他们各自陈述事情的经过。在讲述的过程中，孩子们的情绪逐渐恢复平静，为双方达成和解奠定了基础。

具体该怎么做？现在我们就来试一试。

好好吵架法 Step3：前进第一步

这是好好吵架法最重要的步骤，也是整个方法的关键所在。

一旦家长认识到不需要寻找过错方，也不需要给出解决问题的具体方法，就可以向前迈出坚定的一步。这一步可能会让孩子们感到惊讶，他们还不太适应，因为平常父母总是要求他们尽快结束争吵。

> **好好吵架法**
>
> 前进第一步：
> 让孩子们描述一下他们的争吵。

通过这一步骤，父母给孩子们创造了一个发挥主观能动性的机会。爸爸妈妈请吵架双方都解释一下自己的原因和立场，把事情的经过原原本本、不加隐藏地都讲出来，把自己的观点和想法都表达出来，还原出故事的细节。

总之，家长要鼓励孩子们尽可能多地讲述故事的细节。这跟我们传统的做法截然不同，或许在实践的过程中，我们都会遇到不少挑战（虽然我们都想做出改变，但由于对新方法的不信任，总是重蹈覆辙），这就更要求家长们不能退缩，记住以下事实：

- 任何一种教育方法都需要父母双方的合作和协作，不能仅由一方实施；
- 任何一种教育方法都需要坚持；
- 任何一种教育方法都需要有耐心，我们要等待孩子适应这一新的方法；
- 任何一种教育方法都需要有组织性地实施。教育的有效性不取决于孩子，而是取决于家长落实教育方法每一步骤的能力。

丹妮埃拉 / 艾丽莎（10岁）和雅各布（4岁）的妈妈

一天下午，我们都在家里。孩子们在艾丽莎的房间里玩耍，玩着玩着两个人吵了起来，开始大喊大叫。艾丽莎来找我们告状："爸爸，雅各布总是捣乱！他还打我。"

爸爸把雅各布叫了过来，并让艾丽莎告诉雅各布为什么要吵架。"给谁说？"艾丽莎有点疑惑地问道。"给雅各布说。"爸爸坚持道。

艾丽莎对着弟弟说："吵架是因为你打我。"

弟弟回答:"我打你是因为你不和我玩。"

"我不玩,"姐姐接着说,"是因为我要整理房间。"

两个人继续你一句我一句地说着。突然,让我和爸爸都感到吃惊的是,艾丽莎提出了一个建议:"这样吧,给我五分钟,让我把房间整理好,等我弄好了我就叫你,然后我们一起玩。"

"好的!"雅各布愉快地回答。

吵闹就这样结束了,雅各布一边自己玩,一边等着姐姐的呼唤,艾丽莎则回去收拾自己的房间。

能够交流事情发生的经过,特别是能当着爸爸妈妈的面进行交流,会让孩子们感到自己被关注、被重视、被倾听。

这是至关重要的一个环节。通过长期的实践,我发现,如果孩子们发生了争吵,一定有内在的原因。可能只是因为他们本身的固执,也可能是因为互相赌气,不管是什么原因,孩子们都不是故意为之,但这点极容易被忽视。如果双方能开诚布公地沟通,还原事情发生的经过和各自的想法,将有助于找到解决问题的办法。这种交流,也有助于打破成人对孩子的刻板印象。一直以来,在大人的眼中,孩子们之间总是用有点神经质和重复的方式交往。

这么做意味着家长不能让正在争吵的孩子们停止争吵,而是应该让他们继续"交流"。同时还意味着家长应该用某种方式让孩子们回想自己争吵的起因和经过,而不是去否定和抑制争吵。

这样做可以让孩子们自由地表达情绪,尽管成人可能害怕会适得其反,但情感的表达正是能使情绪衰减的重要因素,只有这样，情绪才能流向外部并转化为沟通的机会。[4]

如果因为父母不允许争吵，孩子的情绪得不到有效宣泄，愤怒和恐惧找不到出口，那么情况就会变得更加复杂且糟糕。争吵只是暂时被制止了，但它还是会以同样的形式在别的时刻爆发。

> 让孩子们就争吵进行沟通，
> 从而找到结束争吵的按键。

争吵的确像是一个需要整理的毛线团，但困难总是可以解决的，只要父母愿意帮助孩子们学会整理毛线团。这个毛线团的比喻，启发我和我的心理和平与冲突管理中心团队共同设计了一套工具，我们称之为"毛线团工具箱"，目的就是给第一次实践好好吵架法的父母提供一种具体可行的方法。在这套工具中，核心工具就是毛线团。父母在实践中把毛线团交给孩子们，拿到毛线团的人拥有发言权，一个人讲完吵架起因和经过后，把毛线团交给对方，然后由对方讲述。

好好吵架法

让孩子们自己面对争吵，让他们说出所思所想。如果孩子们做不到，家长要特别注意，不要再一次把自己的判断强加于孩子。这个时候，家长需要引导孩子们用自己的话表达。

正如我们所观察到的，孩子们的交流和沟通机制在家长眼中是难以理解的，但是孩子们却能够轻而易举地理解对方，尤其是当他们年龄很小的时候。虽然他们的语言能力不强，但思维总是充满了想象力。

朱利奥 / 5岁 和马尔蒂诺 / 6岁半

朱利奥对哥哥说："你拿走了我的卡车，但是这个卡车我们是不能一起玩的，它是我的，而且只属于我。如果你拿着它，就会把它弄坏的，这样的话，我就再也不想要它了。"

这是低龄儿童的一段经典表达。孩子的思维模式让家长完全摸不着头脑。玩具和它的主人之间似乎有一种特殊的联系，就好像玩具也有灵魂，仅仅只有某一个孩子能够拥有它，而且这个玩具不能与自己的兄弟姐妹或其他的小伙伴分享。"它是我的，如果你想要，我就毁了它，然后我再也不要它了。"在这种情况下，如果家长进行干预，基本上都会用讲道理的方式。他们忽视了这种类型的争吵根本没有逻辑可言，如果有什么道理，也只是孩子们自己认为的道理。

我们继续分析朱利奥和马尔蒂诺之间的争吵，看看两个孩子有沟通的机会时会发生什么。

马尔蒂诺说："我们当然可以一起玩这个玩具，可以用你的卡车装我的小人，然后你把车给我，我把小人卸下来，我再把卡车给你。"

朱利奥不同意:"不行不行,卡车装不下两个小人!"

马尔蒂诺又提议:"那就用我的卡车装你的玩具,然后我们把它们运送到仓库,这样我们就可以一起工作了。"

朱利奥总结道:"好的,但你不能把你的小人放在我的卡车上。"

这段发生在孩子们之间的对话非常典型,同时也非常难以理解。家长无法理解孩子们达成了什么样的协议,甚至连这段话的意思都无法明白。这种情况下,爸爸或者妈妈肯定想说:"够了,孩子们!你们两个可以一起玩卡车。如果马尔蒂诺玩朱利奥的,朱利奥就玩马尔蒂诺的。"但孩子们有一套自己的逻辑体系,是大人不了解也不熟悉的,只属于孩子们,同时也需要被尊重。这套逻辑体系没有成人世界那种公平公正的概念。或者也可以说它是公平和公正的,但是属于另一个世界,而不是成年人所认为的那种公平和公正。我们只需要知道,如果孩子们学会了这一步骤,之后就可以独立自主地处理好争吵的问题。

三个步骤帮助孩子们进行交流和沟通

接下来,我将具体解释当孩子们因为争吵来寻求家长的帮助时,家长该如何操作:

1. 倾听孩子的讲述。

2. **表达自己的态度**。邀请争吵的双方待在家中一个相对安静和独立的空间（类似"吵架角"的地方），告诉孩子们，你希望他们可以聊一聊争吵的起因和经过。这时，特别是对第一次使用好好吵架法的家庭来说，孩子们会感到非常惊讶和神奇，因为在此之前，他们从未有过这样表达自己的机会。以前总是家长决定争吵双方的和解方式，孩子们只能服从，无法提出反对意见。

3. **让孩子们轮流发言**。邀请孩子们说一说到底发生了什么，事情的起因和经过是什么样的。请他们轮流发言，这时可以借助之前提到的毛线团。当一个孩子在讲话的时候，另一个必须耐心听——哪怕情绪激动，也必须先听一听兄弟、姐妹或者是小伙伴讲的话。

> 家长不用担心孩子们讲述的和事实不一致，
> 这并不是解决问题的关键所在。

我们采用这一步骤的目的，并不是要重新构建事情的发展经过（因为这会让我们回到之前的老路上：寻找争吵中的过错方），而是为了让争吵双方都有表达自己所听、所看、所感的权利。

家长要尊重孩子们讲述的每一种经过的版本，并承认其有效性。这是一项基本原则。

而这也正是好好吵架法关注的要点。解决孩子们的问题首先意味着要帮助孩子们认识到自己在游戏中产生的情绪，并用语言、文字或者对话的方式将这些情绪表达给对方。

交际中的紧张局势往往体现在情绪方面。如果要让愤怒、嫉妒、矛盾、悲伤等情绪通过沟通得以释放，就需要争吵双方进行对话和交流。

各人陈述这一过程可以持续几分钟，直至问题得到解决（至少从语言交流层面有这一迹象的时候）。

> **好好吵架法**
>
> 家长在这一过程中到底扮演什么角色？家长是孩子们进行沟通时的中间人和协调者。这也意味着家长不会偏袒任何一方，家长的存在只是为了帮助孩子们更好地沟通。

与我们一开始设想的不同，我们本来以为那些性格外向的孩子会更加适应这样的方法，但事实上是那些平时不敢表达自己的孩子获益更多。他们拥有了表达自己并被倾听的机会，这些是在传统教育方法中无法获得的。

也有可能某一方的孩子不想沟通，他可能还需要时间。如果有孩子对这一方法产生抵触（不愿意讲述或者不愿意听别人讲述），家长要更加坚定地引导孩子配合这一步骤；当然也可以放弃这一步。如果吵架双方都决定放弃交流和沟通，而采用其他的解决方法，那也是可以的。总之，我们的目的是帮助孩子们学会这一方法，让他们掌握如何根据自己的需求具体地解决问题。

好好吵架法　　家长不需要坚持让每个孩子都发言：面对那些不愿意讲话的孩子，我们可以等到下一次争吵的时候再尝试。

如果有的孩子不愿意进行沟通和交流，或者无法表达，我们也可以使用小纸条的方式。方法非常简单，家长可以给孩子们每人一张小纸条，让他们通过图画（特别是对那些不满 6 岁，还不会写字的儿童来说）或者文字的方式，把事情的经过展现出来。这比单纯地请孩子们讲述更有优势。一个孩子在完成了小纸条之后，可以把它传递给另一个孩子，让他也写一写或者画一画发生的事情。纸条可以不经过家长而直接在孩子们之间传递。

对于某一年龄阶段的孩子来说，绘画是非常有效甚至可以说是最佳的情感宣泄方式。很多因为一些小事情而引发的争吵，孩子们在受到邀请用文字或者绘画的形式表达自己时，就能消除心中的不满，双方也能立刻和解，继续玩耍。

这一步骤同样适用于那些比较严重的冲突：孩子们已经开始动手，甚至已经发生了不愉快的事情。面对这一情况，家长需要先分开两个孩子，阻止他们进一步伤害彼此，然后邀请他们说一说事情的发展经过，让他们说清楚自己动手的具体原因。

好好吵架法 Step4：前进第二步

经过了前一步，现在到了支持和鼓励孩子自主地达成和解的时候了。我使用"和解"而不是"解决方法"一词，是因为后者意味着通过一些合适的方式方法使争吵平息或结束，但"和解"则意味着争吵双方达成了一致，愿意通过共同协商的方式解决争吵的问题。

> **好好吵架法**
> 前进第二步：
> 促成孩子们之间达成"和解"。

孩子们达成"和解"的能力真的是与生俱来的，同时也是非同寻常的。

劳拉 / 10岁

我当时正在花园里和朋友一起玩，我也记不清是谁先开始的，我们就吵了起来。起因是嘉达想和我玩，而我想和茱莉亚玩。我们互相不理对方，吵了很久之后，我们都意识到根本就不值得吵架。然后我们冷静下来，说清楚了一切。

> 在本书第4章，我们讨论了玛丽娜·布托夫斯卡娅的研究，其结果指出，6岁左右的儿童，在没有人干预的情况下，一分钟之内就能和同伴达成和解。[5]
>
> 其他研究者如凯瑟琳·卡尔维、朱迪·邓恩、安娜·奥利维里奥·费拉里斯、威廉姆斯·科尔赛罗、西尔维娅·博尼诺也曾得出类似的结论，他们都反复强调孩子们非常善于解决争吵的问题。这些研究大多是在学校内进行的，家庭中的情况可能相对复杂一些，因为家长的保护倾向更加强烈。与学校的老师相比，妈妈和孩子之间的联系更加紧密，妈妈更能够感知孩子的情绪变化。当家长开始使用好好吵架法时，孩子们与生俱来的自我约束和自我调整的能力，在家庭中也能充分地施展。

玛尔塔 / 埃多尔多（7岁）和罗米娜（5岁）的妈妈

埃多尔多正在房间里安静地玩乐高，罗米娜也想要和他一起玩，但不是一起搭乐高。罗米娜邀请埃多尔多一起玩给玩具娃娃换衣服的游戏，埃多尔多不回答。罗米娜坚持想要和他一起玩，并开始拉扯他。埃多尔多拒绝了罗米娜，而且让她不要再打扰自己了。罗米娜气得开始用玩具砸埃多尔多，而且越来越有攻击性。战火就此点燃。过了一会儿，罗米娜哭着来到厨房，说埃多尔多踢了她，而且把她踢疼了。一般情况下，我都会说："赶紧自己解决吧，我还有其他事要做。"罗米娜也就不哭了，她回去找埃多尔多，和他一起玩乐高。

在这个故事中，玛尔塔还不了解好好吵架法，面对 5 岁的女儿哭哭啼啼来告状，请求她的帮助，她摆出了不参与争吵的态度。这样的举动迫使女儿回到和哥哥发生争吵的地方，然后自主地解决和哥哥争吵的问题。

罗米娜的举动是一种主动放弃策略：在争吵中"我"虽然没有获胜，但是"我"一样获得了好处。鉴于无法强迫哥哥和自己一起玩换衣服游戏，那么只能自己去适应哥哥，和哥哥一起玩他正在玩的玩具。有的家长会觉得这样可能忽略了妹妹的愿望和需求。事实上，从成长的角度来看，妹妹获得了和哥哥一起玩乐高的机会。而且，在和哥哥玩的过程中，妹妹会学到一系列重要的能力，这将在她未来的成长道路上扮演重要的角色，她也会发现这些能力是多么重要和宝贵。

在很多爸爸妈妈，甚至爷爷奶奶的眼中，主动放弃意味着有人处于弱势，意味着家长需要迅速干预，从而重新建立平衡。事实上，对于儿童来说，主动放弃是心甘情愿的，是一种积极主动的创举。"如果你不愿意把玩具给我，那我就去找另外一个更漂亮的玩具，然后就不和你玩了。"这句话充分证明了面对困难时，儿童有能力鼓励自我去找寻更好、更有意义、更重要的东西。

> 简单地用强与弱、错与对、公平与不公平这些概念定义孩子们的争吵是没有意义的。幸运的是，孩子们对此完全没有意识，这只是家长的主观臆断而已。

把和解转化为一种习惯

在此，我还要强调一下：好好吵架法的最后一个步骤旨在促成和解，是前进第一步的直接结果。通常情况下，家长并不需要精心地组织和筹划，只需让孩子们好好地进行沟通和交流，和解就是水到渠成的事。

<u>和解习惯化</u>可以帮助家长更好地实施这一步骤。在教育领域，习惯的养成是非常重要的，虽然很多人认为习惯是机械的重复，没有创造性，但习惯能在特定的时间和空间里，把人与人紧密地联系在一起。

在孩子们都讲述完事情的经过，表达清楚自己的观点和态度后，家长可以询问他们："你们准备怎样和解？""你们找到达成和解的办法了吗？""有和解的打算了吗？""你们准备怎么说呢？"类似问题都可以让孩子变得更加坚定。在父母的鼓励之下，孩子们会更加自信地独立解决问题，并达成和解。

除了提问，家长们还可以继续使用上文提到的小纸条。给孩子们一张小纸条，让他们分别在上面画下或写下自己准备的和解方案。

采用这样的方式，家长可以帮助孩子们以更形象的方式达成实质性的和解。当然，我们完全可以使用其他更有创意的工具，比如一个盒子、一个抽屉、一个包裹……

孩子有强烈的秩序感，会按照某一秩序行动，即使抽屉和小盒子里装满各种杂物，床头柜和桌子摆满纸条、图画、玩具，他们都清楚地记得这些东西从哪里来，应该放回哪里，因为这些东西都和他们所经历的事情紧密相连。

在毛线团工具箱中，我们还准备了和解收藏夹，所有孩子在小纸条上写下的和解方案，都可以存放在这里。这同样是一个既简单又有效的方法。

家长越是将孩子们的和解习惯化，孩子们在面对争吵问题时，越能够从容地、独立自主地解决问题，而不再需要向家长寻求帮助。

一位幼儿园教师曾经告诉我一个有趣的故事。她当时正在幼儿园里实践好好吵架法。一个4岁的小女孩对好好吵架法非常感兴趣，不知不觉就学会了这一方法。有一次在家里，当她和妈妈发生了争执时，这个小女孩突然向妈妈提议道："妈妈，咱们和解吧！"

这个故事充分证明，在习惯性的影响下，孩子们的学习能力是非常强大的。他们的情感、神经和认知的可塑性都非常强，所以他们能迅速、自动地掌握这一方法的精华，并将所学到的方法转化为自身的能力。这种训练对他们的一生都会产生有益的影响。

下面我们来看几个案例，看看大家是如何使用好好吵架法的。

涂鸦争执

罗莎（5岁）和弟弟达里奥（3岁）正在客厅的地毯上玩。罗莎正在给自己的动物填色本涂颜色，达里奥正在玩挖掘机。

突然，达里奥也拿起一支笔靠近姐姐，迅速地在姐姐的本子上画了一道线条。罗莎推了弟弟一把，弟弟回踢了姐姐一脚，两个人打了起来。罗莎拿起图画本去找妈妈告状："你快看达里奥干了什么，他把我的画都毁了，他还打我！"说完就哭了起来。达里奥也跑了过来。

妈妈把他们两个拉到身边，交给罗莎一个毛线球，并邀请她告诉弟弟是怎么回事，等她说完后，再把毛线球传给弟弟。

罗莎：我当时正在涂颜色，你用笔在我的本子上画了一道很丑的线……整幅画都毁了！

达里奥：我只是想帮你一起涂颜色……我不是故意的……

罗莎：你把画毁了，只能把它丢了……

达里奥：我本来也想要涂颜色，我也想要和你一起涂颜色……

妈妈询问两个人该怎么办，让他们回到地毯上去想一想解决的办法。两个孩子开始沟通，然后拿起画本去找妈妈。

> 和解方案：我们决定，当达里奥想要帮我涂色的时候，必须征得我的同意，我会告诉他用哪一个颜色，以及怎样涂色。

对于年龄尚小的儿童来说，他们还不会写字，传递毛线球的方法对于他们来说特别合适，可以促进孩子们以语言的方式进行沟通和交流。当然，也可以使用小纸条，让他们通过图画描述事情发生的过程。

这一步骤能精准地帮助孩子们独立地解决问题。家长需要保证新方法的每一个步骤都按部就班地实施，并在有需要的情况下加以指导。这时，家长就不再是法官了。

自行车事件

3岁半的爱丽切和塞莱娜正在公园里骑自行车玩。她们在一条环形的跑道上快速地转圈。

爱丽切在前面骑，塞莱娜很快超过了她。对此，爱丽切非常不高兴，并大声说："等等我！"但塞莱娜根本不听她的话。等两个人都停下来的时候，爱丽切气坏了，她从车上下来，一边推塞莱娜一边说："你不等我。我不和你做好朋友了。"

塞莱娜哭着去找妈妈。妈妈让她把爱丽切找来谈一谈。塞莱娜同意了，妈妈面对两个孩子在长椅上坐下来，孩子们骑在自己的自行车上，妈妈邀请她们分别说说事情的经过。

塞莱娜：你说我们两个不再是好朋友了，因为我刚才超过了你。这不公平！

爱丽切：是的，就是因为你不等我。如果你真是我的朋友，我都告诉你了，你就该等我的。

塞莱娜：你刚才还推了我。

爱丽切：不对，我什么也没有做。

妈妈："我现在给你们两分钟时间，你们看看能不能和好，然后再告诉我。"

妈妈说完这句话就离开了，她和旁边的一位女士聊起天来，两个孩子也交谈起来。

和解方案：我们决定，当我们骑车的时候，我们提前约定好谁在前，谁在后，骑到一个目标，在前的人先等下后到的，然后我们再继续骑。

最后，两个孩子愉快地继续骑自行车。

这些好朋友们……

每周四的下午，索林（9岁）、安德烈（10岁）和大卫（10

岁）都要到公园踢足球。索林是阿姨带过来的，安德烈和大卫是自己来的。他们一边踢球，安德烈一边说自己很生一个四年级女孩的气，因为她不接受和他做好朋友。虽然安德烈已经有很多好朋友了，但他想要更多的朋友。索林也说看到了安德烈的好朋友和别人在一起玩。两个人就此打了起来。索林的阿姨制止了他们。两个孩子情绪非常激动，根本不听大人的劝解，反而愈发大喊大叫起来："他说……他对我说……现在要打掉你的牙……"

阿姨叫他们冷静下来，然后她从包里拿出几张小纸条，让他们分别写下事情的起因和经过。孩子们接过纸条，开始安静地写字。大卫也得到了一张纸条，他也要写下所听到和看到的事情。过了一会儿，孩子们拿着纸条回来了。阿姨让每个人念一下自己的纸条。

安德烈：他说他看到我的好朋友在和别人玩，我说我不在乎。他就往我脸上狠狠打了一下。

索林：安德烈在和我们聊他的好朋友，我就说我看到他的好朋友在和别人玩。然后我还仔细给他讲了我看到的事情。

大卫：索林聊了安德烈的好朋友的事情。安德烈说他不在乎，索林就给了安德烈一个耳光。

争吵的双方依然坚持己见。阿姨又给了他们一张纸条，并告诉他们："写一写你们可以做点什么，试试看能不能和解。"

两个孩子开始沟通，然后安德烈拿起纸条，一边询问索林，一边写。大卫在旁边看着。

> **和解方案：** 我们决定通过一个游戏分出胜负——石头、剪刀、布。三局两胜。大卫做裁判。

两个孩子开始出拳，安德烈获得了胜利。就这样，三个人又重新踢起了足球。

实战练习 1

哪个步骤让你觉得最困难？

好好吵架法的四个步骤很清晰，也很简单。但很多时候，越是看似简单的理论越难以付诸实践。下面这个实例正好可以检验一下家长的优势以及薄弱环节。

通过这个练习，家长们能够更好地认识好好吵架法，然后有针对性地去改善自己的方法。

> 4 岁的弟弟和 6 岁的姐姐正在吵架，姐姐不愿意把玩具给弟弟，弟弟不满意，他想去抢姐姐的玩具，最后弟弟哭了，跑着去找爸爸/妈妈。

对照好好吵架法的步骤，你觉得哪个步骤最难实施？哪个步骤最容易？（在下面的表格里打√）

步骤	更简单	更困难
不要寻找过错方		
不要强加解决方法		
让孩子们讲述吵架经过		
促使孩子们达成和解		

你觉得可以如何改善自己的方法？

_____

_____

实战练习 2

如何提高使用好好吵架法的能力？

家长们也许已经理解我们的方法了。大家可能会觉得很新鲜有趣，也想尝试这一方法，因此很有必要做一些训练。在这里我为大家准备了一个练习题。当你面对下面的场景，你的直觉告诉你该怎么做？在学习了好好吵架法之后，你又会怎么做？比较一下两种做法。

> 你带着 9 岁的儿子来公园玩。孩子遇到了自己的同伴，他们开始踢足球。一切都很顺利，但是，你的儿子突然和同伴因为下半场由谁当守门员吵了起来。

你的直觉告诉你该怎么做？

_____

_____

在学习了好好吵架法之后，你会怎么做？

_____

_____

第 7 章

成果检验

——应用好好吵架法的效果和优势

> 妈妈不在家的时候,我们喜欢踢球玩。球有的大,有的小,由不同材质构成,有的还是用报纸做成的纸球。
> 我们一直踢,直到大汗淋漓、精疲力尽为止。
> 在踢球的过程中,我们也常常会吵架,也会你推我搡。[1]
> ——奥尔罕·帕慕克《伊斯坦布尔》

儿童教育学实验成果对比

玛蒂尔德 / 10 岁 **和卢娜** / 6 岁

早晨,玛蒂尔德和卢娜在洗手间里洗脸刷牙,准备出发去上学。卢娜一边梳头,一边拿起一个玛蒂尔德的发夹夹在头发上。玛蒂尔德叫起来:"喂!不可以!那个发夹是我的!"卢娜正美滋滋地照着镜子,听到姐姐的话几乎哭着抱怨道:"哎呀!你可真小气!"玛蒂尔德说:"你要问问我同不同意!"卢娜马上问道:"我可以用吗?"

玛蒂尔德沉默了一会儿说:"这么办吧,我们把放在柜子上的发夹都拿过来,每个人都选一个自己喜欢的,好吗?"两个人马上去拿发夹,然后跑到厨房告诉妈妈:"快来看,我们把发夹都摆好了。现在是属于我们两个人的!"卢娜心满意足地抚摸着她选的发夹。

在卡特莉娜·迪·齐奥博士、40 位来自格鲁利亚斯科和都灵的小学和幼儿园教师以及 12 位幼儿教育专业的实习生的共同支持和帮助下,我完成了一项儿童教育实验,旨在检验好好吵架法的有效性。这项实验从 2011 年 12 月持续到 2012 年 5 月,共有 191 名小学生(6~10 岁年龄段)和 275 名幼儿园小朋友(3~6 岁年龄段)参与了实验。[2]

在实验的最初阶段,我们在教室里观察孩子们的自由活动,进而了解儿童争吵的机制、教师干预的方法以及孩子们的反应。这些孩子和教师们并不知道自己是我们实验的观察对象，因为我们不希望他们的行为受到干扰。

然后，我们给愿意实验新方法的教师提供了好好吵架法的信息，他们需要在自己的班级中连续两个月认真执行好好吵架法，并将结果反馈给我们。

两个月之后，我们再次返回到教室里观察孩子们的自由活动，记录下他们在争吵之前、争吵之中和争吵之后的行为，然后将实验前和实验后的数据进行对比。整理和分析数据之后，我们发现实验的结果令人惊喜和满意。

使用了新方法之后，小学生的争吵次数大幅减少：由之前的 86 次减少为 27 次。这样的数据可以算是非常优秀了，因为我们的实验仅仅持续了两个月而已。幼儿园的情况没有那么令人惊喜，因为通常幼儿园的小朋友吵架次数更多。实验数据显示，前后对比差异不大（47 次 /46 次），但教师干预次数明显减少（减少 85%）。根据我们的观察，幼儿园教师在实践新方法之前更倾向于主动干预孩子们的争吵，甚至在孩子们没有求助的情况下就这样做了。

在学习和实践新方法之后，这些老师尝试耐心等待，并相信孩子们可以独立自主地解决他们的问题。通过实验，小学教师也对孩子们更加有信心了。实验之前，孩子们请求老师帮助解决问题的情况大约有 42%；实验之后，这一数据下降为 33%，而向家长发出请求的比例下降到 34%。

实验证实了好好吵架法是有效的，孩子们完全有能力应对问题。特别值得注意的是，没有了成人的干预，孩子们争吵的次数反而大大减少。让我们想一想，这对于拥有两个孩子的家庭来说意味着什么：这是孩子们自主解决问题的最佳方案，家长会更轻松，家庭氛围会更松弛、更和谐。甚至在实验之初我们就发现，在老师不干预的情况下，孩子们总是自己解决问题。使用了好好吵架法之后，我们发现孩子们自主解决问题的比率大幅升高，也再次证明了好好吵架法的有效性。而这一有效性恰恰源于孩子们自主和解的能力。

小学生达成和解的能力，显示了他们对自己的能力和自我极限的认知，特别重要的是，这一能力证明他们可以从他人的视角思考问题。实验之初，达成和解的比例仅有11%，最后上升至44%。幼儿园的情况也类似，比较明显的是孩子们被动放弃的情况消失了。传统情况下，幼儿迫于成人的压力不得不屈服，他们学不到任何有益的经验，因为成人总是希望尽快结束争吵。

数据显示，当老师们采纳了新方法之后，孩子们自主达成和解的次数是采用传统方法的3倍，这意味着好好吵架法不仅激活了孩子们的能力，同时能帮助他们发展这一能力。这真是一个令人满意的结果。

也许有人会质疑说，仅仅在学校进行实验不足以说明问题，怎么保证它在家里同样有效呢？实际上，道理是一样的。小纸条可以帮助孩子们沟通，这个道具在家庭中同样有效。不过，我还是要提醒家长们，千万不要带着情绪介入孩子们的争吵之中，保持观望就够了。

实验前数据

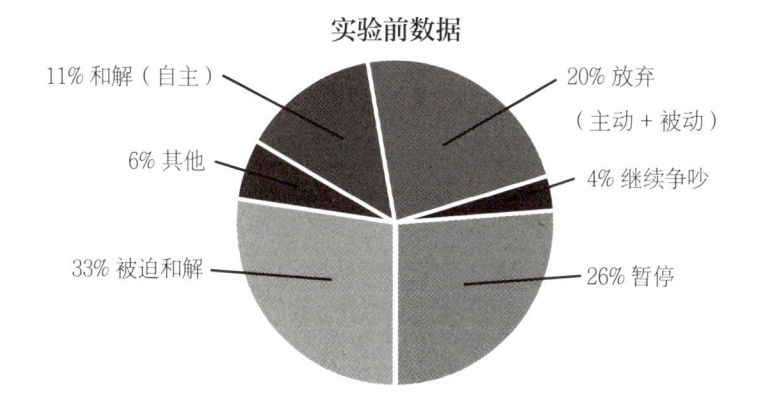

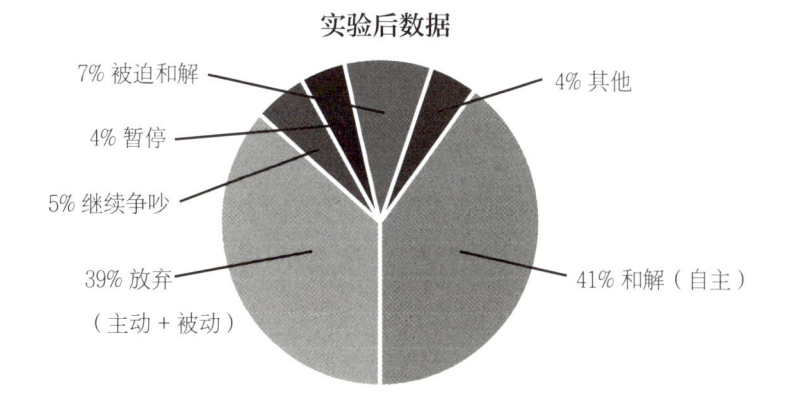

- 11% 和解（自主）
- 6% 其他
- 33% 被迫和解
- 20% 放弃（主动+被动）
- 4% 继续争吵
- 26% 暂停

实验后数据

- 7% 被迫和解
- 4% 暂停
- 5% 继续争吵
- 39% 放弃（主动+被动）
- 4% 其他
- 41% 和解（自主）

图 7-1 幼儿园儿童自主和解实验前后数据对比

被迫和解。成人干预争吵并规定了和解方式（"和好吧。""现在他先玩，过一会儿你再玩。""跟他说对不起。""把抢走的东西还给他。"）。

暂停。争吵因成人的干预中断，成人要求孩子们停止（"够了！""不要再吵了，不然我就要惩罚你们了！"）。

继续争吵。争吵因成人的干预暂时中断,但是很快又会因为其他原因死灰复燃。

主动放弃和被动放弃。吵架双方有一人放弃争吵。放弃可能是被动的(孩子们被迫放弃)或者是主动的(孩子们主动放弃和让步,转而去做更有趣的事情)。

自主和解。孩子们自主达成满意的和解,停止争吵。

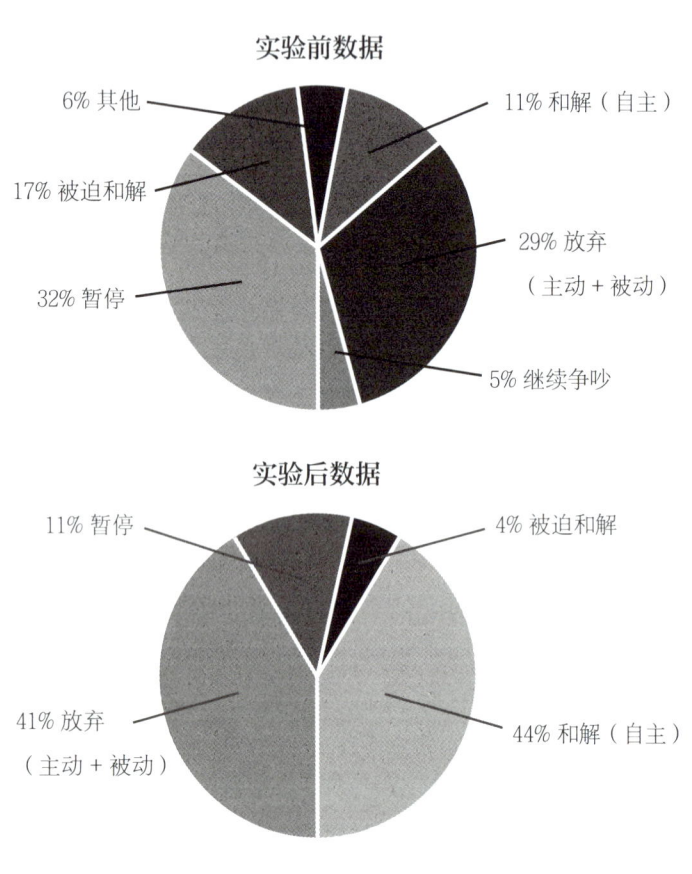

实验前数据

- 6% 其他
- 11% 和解(自主)
- 17% 被迫和解
- 29% 放弃(主动+被动)
- 32% 暂停
- 5% 继续争吵

实验后数据

- 11% 暂停
- 4% 被迫和解
- 41% 放弃(主动+被动)
- 44% 和解(自主)

图 7-2 小学儿童自主和解实验前后数据对比

引发儿童争吵的七大原因

达尼洛·多尔奇曾经记述过他和一些孩子的对话:

> 我曾经询问一个 7 岁和一个 5 岁的孩子他们会因为什么与其他孩子发生争吵,当时我们身处空旷的地方(在米尔多山里),孩子们不紧不慢地回答道:
> "比如有人说是我最先发现这朵野花的,另一个人也想争当看到这朵花的第一人。因此,就是当大家都想当第一的时候。"
> "当有人有一个玩具,他不想让别人玩的时候。"
> "如果有一个小朋友画了一个小丑,他自己觉得画得很漂亮,但其他人却说画得很丑,不喜欢它。或者有人觉得自己有道理,其他人也觉得自己有道理。"[3]

通过在实验中观察到的发生在孩子们之间的争吵,我们找到了引发争吵的七个主要原因。

第一,模仿。简而言之,我想要你有的玩具,或者我想做你做的事情。"我也想玩卡车,快给我!""自行车不是你一个人的,我也喜欢它,快让我骑一下。""妈妈,快听我说话,不要只听马蒂亚说话。"孩子们在玩一种自我肯定的游戏,同时他们也有通过模仿他人来发展自己能力的需求。一群来自意大利帕尔马神经研究院的学者通过实验发现并证实了"镜像神经元"。[4]这一发现说明，模仿是所有有效学习的基础和前提。依据这个发现，我们甚至可以这么说，观察某一个由别人完成的事物是一种学习行为。因此，模仿是引发争吵的首要因素，3～7岁儿童之间的争吵有52%由此引发，10岁以内儿童由此引发争吵的比例为26%。

第二，自我防御与保护。这里主要涉及尊严、冒犯、挑衅。"我是对的。""妈妈，他们嘲笑我。""都要听我的。"这些争吵往往源于孩子与生俱来的自我倾向。如果能让孩子自主地体验并解决这一类型的争吵，对于他们成人后的生活将意义非凡，能让他们获得成功化解矛盾的能力。

第三，归属感。归属于一个群体，一支队伍，一个家庭，甚至是一项任务。"如果你不再是他的朋友，那我也不是了。""你不能和我们一起玩。""我们组总是对的。"这一类型的争吵经常会有一个被排除在团体之外的"受害者"，但使用我们的新方法能激活孩子们主动放弃的能力。他们能够创造性地扭转自己的不利处境，将劣势转化为优势。

第四，角色标签。我们拿兄弟来举例，哥哥通常是家中比较听话的好孩子，而弟弟一般就约等于"坏小子"。造成这一局面的家长难辞其咎。正是家长们不自觉地给兄弟俩贴标签的行为，设定了他们在家里扮演的角色，一旦这种形象被固定下来，孩子们就很难摆脱。所以毫不奇怪的是，对于3～6岁的孩子来说，这种角色标签是引发争吵的第二大原因，对于大一点的孩子来说，也是引发争吵的第三个主要原因。

第五，情绪失控。这种类型的争吵，主要是孩子们无法控制自己的情绪导致的。关于这一原因，我们在实验中收集到的数据非常有趣。实验之初，我们本以为情绪失控应该是引发儿童争吵最主要的原因。但事实与我们的假设相反：对于6～10岁的孩子来说，情绪失控是引发争吵的最后一项因素，对于年龄更小一点的孩子来说，也是排名很靠后的因素之一，而且主要针对那些本身有情绪认知困难的孩子。

第六，秩序感。"不能这样做。""这样做不对。""他不遵守规则。"这一类型的争吵在小学阶段的儿童之间经常发生，但在6岁以下的儿童中，我们几乎没有发现这一类型的争吵。这也说明了低龄儿童的操作性思维发展得还不成熟，他们也无法严格按照规则和秩序完成某些事情。

第七，误会。争吵常常是由误会导致的。误会应该是导致冲突和矛盾的主要原因。可能某一争吵的表面原因是规则，但本质还是对如何理解规则产生了误会。在这种情况下，孩子们经常会推测其他人的行为："我找不到某个东西了，肯定是你把它藏起来了。"而我们的新方法特别适合处理这种类型的争吵，可以让孩子们开诚布公地交换各自的意见和观点。

学会好好吵架对孩子的益处

与阻止孩子和同龄人争吵相比，帮助孩子们学会好好吵架益处多多。下面我们来具体分析一下使用好好吵架法之后，孩子都能得到哪些益处。

童年时好好吵架是对未来的投资：在工作方面，在两性关系中，在人际交往中，在体育运动中……在人生中的每一个需要与他人交际互动的场合。

另一方面，孩子在学会自我尊重的同时，还会倾听他人的观点，并尊重他人；能有效地与他人联合行动；获得他人的尊重并肯定自身的价值；能认识并肯定自己的能力。这些都会让孩子受益终身。从童年时期就选择正确的赛道，能让我们的孩子比他们的父辈拥有更多、更好的机会。

今天的孩子本来就已经有体验各种各样经历的机会，这些都是他们的父辈不曾拥有的，使用好好吵架法能让我们的孩子好上加好，在他们拥有的可能性上增加实现个人价值的机会。

众多致力于儿童研究的学者都指出，孩子们之间的争吵蕴含着巨大的学习潜力。费里切·卡鲁加迪就坚信，幼儿时期的争吵具有巨大的社会认知价值，并强调争吵是构建认知的主要引擎。

> 从行为层面，认识到他人可能持有与自己不同的观点（或者答案），可以以此为标准，认识到与自己的认知框架完全冲突的其他认知。与此同时，伴随着双方互动过程中的情绪变化，也会根据互动情况进行调整……认知的进步是规范社交状况的主要方式之一，同时也促使争吵双方找

到和解的方法。[5]

在此，我还想介绍一下"惊喜效应"这个概念。它是学习机制的基本要素之一，能促使我们激活自身资源和能量来发展自我，引发自我调节机制，让我们主动学习。如果我们从儿童时期就接受过类似训练，我们就能够从容不迫地应对生活中出现的冲突和矛盾。好好吵架法可以很好地激活这些"保护性"的能力，教会孩子如何在这个世界中找到自己的位置。

在向家长们提供教育咨询服务时，我经常会遇到那些把家长指挥得团团转的孩子。这些孩子完全活在以自己为中心的世界里，什么事情都是由他们决定，家长时刻为他们服务。这些孩子难以理解他们能做到什么，或不能做到什么。他们不能以现实为参照，这导致他们无法正确地衡量自己的力量和能力，而且体会不到人生中实现自我价值、与他人互动带来的成功和喜悦。

很多家长都抱怨自己的孩子总是不听话，不遵守规则，不会与他人相处。老师们面对越来越兴奋的孩子们也备感压力，因为这些孩子在课堂上无法关注老师说的话，也无法专注地学习。

孩子与同伴的争吵，恰恰带来了一个机会。吵架是一个有力的工具，可以有效"打击"某些认为自己无所不能的孩子，帮助他们走出自我这个中心，学会与他人互动，让他们有机会经历冲突和矛盾，并施展自己的创造力来解决这些问题。对于孩子来说，争吵是某种意义上的探险。没有争吵的童年是不完整的。一个从小没有经历过争吵的孩子，可能会有些遗憾，甚至会产生一种"有苦说不出"的感觉。

乔瓦娜 / 45 岁

我的弟弟出生了。我的父母在一家商店工作，每天下班都很晚，我很少看到他们，基本上都是和奶奶待在一起。所有人都对我说，我必须要听话，不能和别人吵架，不能打扰别人。奶奶也总是说，爸爸妈妈生了弟弟就是为了让他陪我玩，他是我这一生最亲的人。我要是伤害弟弟，那我就惨了。倒不是说爸爸妈妈真的会打我，而是我发自内心地觉得，我必须好好表现，这样爸爸妈妈才能关注我，因为他们在家的时间少得可怜。我甚至都不能不高兴，因为他们会说："看看你拉长脸多难看！"

现在回想起来，童年的这些经历给我造成了不小的问题。我经常觉得没有安全感，也不相信自己的能力，非常害怕犯错误。我本来特别喜欢时尚工作，我当时几乎已经进入那个领域了，但我又想有一份稳定的工作，所以我选择了继续照看父母的商店，直到有一天我再也坚持不下去了。

乔瓦娜今天感受到的痛苦，可能不仅仅是因为在童年时没有机会争吵，她童年的问题更加复杂。但我可以确定的是，如果她有机会和弟弟争吵，正常地宣泄自己对于弟弟的不满，她紧张的情绪可能会得到放松，她的人生也可能会走上一条更加愉快的道路。

> **好好吵架法** 本方法的第一个优势：孩子能学会调解矛盾的技巧，长大后能够承认并面对问题。

通过好好吵架，孩子能获得的第一项能力是<u>自我调节力</u>。这意味着孩子可以和自己沟通，检讨自己的动机，以及认清自己所处的场景中正在发生的事情。

6～7岁甚至10岁的一些儿童达成和解的能力是卓越的，同时他们还能在自我需求和他人需求之间找到平衡点。但这一能力不但没有被充分认识，还经常被忽视。如果孩子有机会发展这项能力，对于他们的成长将意义非凡。这一能力能带领他们克服未来人生中的困难，帮助他们正确地分析问题，并采用有效的方法来解决问题。

凯瑟琳·卡尔维就儿童的这项能力做过深入研究，她指出孩子们有逐渐适应他人的能力。她的著作《与孩子们的对话》一书中记录了她的研究结果：

> 在一项关于口头争吵的研究中……我们通过15分钟的互动对话，记录了孩子们以口头方式与同伴发生争吵的所有情况。……如果争吵是由简单的矛盾导致，大约有35%的概率会进一步升级。受到反

驳的一方不肯放弃自己的立场，对于简单的否定答案并不满意。但假如能提供解释或者建议，那么争吵可能就不会再继续了……争吵一般会演化出 8 种不同的结局，这都是由争吵双方共同决定的；当然有一些争吵的结局是我们希望看到的……我们认为前 4 种结局基本上都可以被看作是积极的结果，因为除了反对，还多多少少给争吵双方提供了一些其他信息。而每一种结局也都证明争吵双方都在尝试适应他人的需求。其中最成功的结局就是双方达成妥协，即对自己和他人的愿望和观点做出让步。当然，做出让步的一方也在一定程度上保持其最初的立场……这种通过语言表达逐渐达到其目的的方式，似乎是解决争吵的途径之一。例如，如果一个孩子提出要求："能由我来开汽车吗？"另一个孩子反驳："不是汽车，是卡车。"受到反驳的孩子也继续坚持："我知道，我能开卡车吗？"这样一来，反驳的力度就被大大削弱了，提出反驳的孩子可能就不得不让步，或者提出更有效的反驳。[6]

这些情况主要针对年龄比较小的幼儿，他们已经有能力理解并通过互动获取利益。如果说当今世界对外形的主流审美和行为崇拜不利于孩子们构建自尊自信的个性（因为人们期待和向往的形象往往既不符合现实，也不符合每个人对被倾听和认识自身兴趣、情感、能力的需求），学会好好吵架可以帮助那些脆弱的"我"。当今社会中很多儿童和青少年难以发展正常的人际互动关系，导致他们构建出一种平行现实，患上抑郁症或妄想症。

拥有自我调节和约束的能力，意味着不会陷入过度的自我中心，能尊重他人的需求和利益，让自己适应并融入与他人的互动之中；同时也意味着保持对现实的客观认识和理解。正是这一能力调节和规范着整个社会的运作。

好好吵架法锻炼了孩子的自我调节能力，这一结果令人兴奋。有一个采用了好好吵架法的妈妈有意识地锻炼自己的两个女儿独立解决争吵问题，她给我讲了两个故事：第一个故事就是我们在本章一开始读到的，下面是第二个故事。

安杰拉 / 玛蒂尔德（10岁）和卢娜（6岁）的妈妈

玛蒂尔德和卢娜在客厅里忙着打开装有新卡片的盒子。玛蒂尔德说："能让我看看你的吗？"卢娜答道："看吧！"玛蒂尔德继续说："你能把这两张送我吗？我没有这两张卡。"卢娜思考了一下，像往常一样说："好的！"但没过多久，她就后悔把卡片送给姐姐了，所以她对玛蒂尔德说："我改主意了，你把卡片还给我。"玛蒂尔德当然不愿意："不行！这不公平！它们已经是我的卡片了！你送给我了！"卢娜坚持："还给我！"两个人就这样吵了起来："还给我！""不！我不给！"

我当时正在厨房做晚餐。两个人都来找我，不高兴地叫嚷着，妹妹甚至哭了起来。我继续做我的饭，对她们说："去吧，你们自己想办法解决吧。"两个人回到客厅，过了一会儿，我听到玛蒂尔德说："卢娜，咱们这么办吧：你把卡片送给我，我就让你当斯黛拉的妈妈一整天！"斯黛拉是玛蒂尔德的玩具娃娃。每当姐妹两个一起玩的时候，玛蒂尔德扮演斯黛拉的妈妈，卢娜则扮演阿姨。卢娜也多次要求当斯黛拉的妈妈，但是玛蒂尔德一直都不同意。听到姐姐的建议，卢娜让步了："那好吧……真没办法！"

在第一个关于发夹的故事中，我们可以发现，孩子们已经有某种独立尝试解决问题的习惯。妈妈对她们的能力充满了信心。而在第二个卡片的故事中，妈妈也没有干预。虽然通常情况下，父母经常为了孩子们之间借东西或礼物的问题不得不参与其中。故事中的两个姑娘不需要向父母寻求帮助来获得公平和公正，她们似乎还为自己拥有的权利感到骄傲和自豪。在这个过程中，孩子们的自尊心得到了尊重和保护。

我们再从孩子的视角看一看。

恩丽卡 / 10 岁

我经常和路易莎吵架，她是我的同班同学，有时候纯粹是吵着玩，但有时是真的吵。比如，我和她开玩笑，她就生气了，每当这个时候我就特别受不了。有时候我的朋友米尔塔会来帮我们调解，我们也就不怎么吵了，但是我们也从来没有动手打过对方——我希望这样的情况永远不要发生。

孩子年龄越大，争吵就会变得越复杂。女孩们的争吵通常以口头方式为主。而男孩们会付诸武力，他们在交际互动时难免会想要动手，这不仅是男孩的天性所致，也取决于争吵的严重程度。

路易吉 / 10岁

我的同班同学皮耶特罗悄悄靠近我，把我的椅子挪走，让我坐了个屁股蹲。因此，我抓住他警告道："你敢再试一次，就等着瞧，看我怎么收拾你！"皮耶特罗回到自己的座位上，下课的时候他又过来，用同样的方式捉弄我。我打了他一耳光作为警告。我刚一坐下来，他还继续，这次我狠狠在他的肚子上捶了几拳，还给了他一记重重的耳光，直到这样他才垂头丧气地回到座位上。我去打篮球，他等在那里准备报复我，不过没成功。第二天，我在卫生间看到他，一开始他没发现我，等他看到我，又要来报复我。幸好亚历山德罗和伊万阻止了他。这天下课的时候，我们和好了。

听到孩子们描述的场景，好像下一秒世界大战就要爆发了，但突然间不知怎的，双方就达成了和解。孩子们冷静下来，停止了行动，达成了和解，找到了和谐相处的方法。

纳蒂亚 / 10岁

我的朋友斯黛拉总是和艾丽莎一起去卫生间,两个人总在一起说些秘密。我和米莉娅姆就去偷听,结果什么也没听到,但我们还是非常生气。等斯黛拉蹦蹦跳跳回到教室的时候,我们告诉她,我们不和她做朋友了。她说:"好的,没问题。"快上课的时候,斯黛拉去放书包的地方悄悄对艾丽莎说,她不再是我们的朋友了,还说她想要做艾丽莎永远的好朋友。最后,我们大家都和好了。

在成年人眼中,这四个女孩子的行为实在令人难以理解,她们的矛盾和冲突主要体现在口头上,最终孩子们也还是达成了和解。事实上,怎么达成和解并不重要,重要的是她们靠自己的能力达成了和解。

还有很多实践了好好吵架法的妈妈们,虽然还处在起步阶段,但已经开始收到成效了。

玛丽莎 / 路易吉(7岁)和里卡多(5岁)的妈妈

我的两个儿子正把从爷爷那里收到的零花钱放到零钱罐里。弟弟提议说:"我们把所有钱放在一起。"但哥哥不同意。弟弟拿起所有的钱就跑。哥哥在后面追,抓到弟弟后,两个人开始厮打起来。我并没有干预。过了几分钟,两个人都冷静下来了，决定把钱分开。

这是家庭中经常出现的一个片段，除了证明男孩子们的确更爱打架（虽然并不危险）之外，也是儿童机会主义的最佳证明。对于他们来说，最重要的事情就是能继续玩耍。弟弟把钱都拿跑这件事情反而显得不那么重要，而且事件很清晰：弟弟就是这么做了，以表达他的不满。重要的是哥哥和弟弟的冲突不是为了争个输赢，追逐打闹的过程对两个人来说其实是一种玩耍。这两个孩子的目的到底是什么？他们怎么样才玩得开心？是追逐打闹还是拿钱呢？或许只有他们自己知道答案。我们只能给出一种解释：众所周知，在儿童成长发育的阶段，运动、跑步和追逐一直都是他们最强烈的需求和愿望。也正如凯瑟琳·卡尔维针对孩子们争吵的目的性做出的解释：

> 争吵的目的决定了孩子们会使用不同的策略。在幼儿之间发生的争吵，绝大多数都是为了争夺某个物品的所有权、从事某一项活动或是依据自己的喜好进行某一计划，因此采取适应他人的策略就非常实际而且有效。正如所有社会性的实践一样，每个孩子处理争吵的策略会依据其目的而改变，但也同样会受到其所属家庭或群体的影响。[7]

卡尔维意识到了群体对于争吵产生的影响。这也正是本书的目的：让我们改变传统意识，认识到孩子在争吵中蕴藏的能力以及潜力。

> **好好吵架法**
>
> 本方法的第二个优势：孩子学会认识到他人的观点，并理解现实是多面性的。只有这样，孩子才能认识到自己的极限，并激发自身的潜力。

在个体、社会、心理层面以及人际互动中，能够认识到世界上有不同观点存在，认知并理解他人，是非常重要的能力。严格、唯一的单边主义并不利于成功地解决问题。特别是在今天，每个人都需要不断调整自己，才能适应越来越复杂而且不断变化的社会现实。

这项去中心化的能力非常符合孩子们善于学习的特点，正如玛利亚·蒙特梭利所指出的，儿童的学习能力非常强大，他们完全有能力适应不同的情况，并不断地学习。

一方面，儿童有自己的思维习惯、思维模式以及思维趋同性；另一方面，儿童的思维是开放的，不断进化发展的。儿童会通过寻找新的体验来获得未来人生中必需的经验。正是这一过程塑造了孩子们的概括与归纳能力，让他们认识到现实、经验都有多种形式和不同面貌。

孩子们的争吵能帮助他们学习不同的观点，
教会他们站在别人的角度思考问题，
从而获得一项至关重要的社会能力：共情能力，

这是人类相处的基础。

在这个过程中，需要区分两个阶段：第一阶段，6~7岁之前；第二阶段，8~10岁之间。在第一个阶段，正如皮亚杰所指出的，儿童主要以感官认知为主，而且这一时期的需求都十分迫切，与自身情绪紧密相连，儿童在这一时期也显得更加以自我为中心。在这个阶段，孩子主要通过抢别人的玩具来获得妈妈、同伴或其他成人的注意。但这种行为并不是故意的，这正是该阶段儿童行为能力的特性。

西尔维娅·维杰蒂·芬兹提示我们，第一个阶段儿童之间相处的行为有以下特点：

> 在玩打仗游戏时，如果一个孩子对爸爸说："砰砰！"爸爸会应声倒下并说道："我死啦！"但是同龄儿童之间却不按套路出牌，他们会按自己的方式玩游戏。可能他会跳到另一个孩子身上，也可能他忘记了要假装"死了"，总之，他们完全按照自己的方式，想到什么就怎么做……[8]

孩子在7岁之前遇到的主要困难，是发展相互认知能力和分享能力。这个过程当然会有些痛苦，却是孩子发现自我潜力以及学习的绝佳机会。他们借此机会认识自己的极限，激发自己还没有被发现的潜能。

如果没有他人的存在，孩子就会一直陶醉在童年的无所不能之中。因此，争吵的重要性不言而喻。

茱莉亚 / 7岁

每次我去奶奶家时，我的表姐都在。有一天，我想和小猫玩，所以我把它抱在怀里。表姐生气了，她对我说："该我了，待会儿轮到你。"我等了一会儿，她又把猫给了我。

这个故事是以一个儿童的视角来讲述他人的坚持和抵抗带来的变化。对于茱莉亚来说，表姐的对抗是一个学习的过程。从表姐的语气、语言中，茱莉亚体会到了挫折，学会了妥协。她做到了。

马特奥 / 7岁 和路易吉 / 5岁

路易吉正在玩乐高。表哥马特奥来了，他坐下对路易吉说："我来帮你吧。"路易吉说："不用了。"马特奥坚持道："你看，我之前拼过好多塔，我来教你拼一个最高的。"路易吉还是不同意。马特奥生气地叫喊："你这个小家伙！"路易吉哭了，他告诉表哥说他不想搭一座塔。马特奥也冷静了下来，他告诉路易吉如果有需要，他还会搭其他东西。

与表哥的提议相比，故事中弟弟的拒绝代表着另一种观点。事实上，我们并没有完全从言语上了解到事情是如何发生的。这种情况常见于第二阶段的儿童——大约 8 岁至 10 岁之间。他们有能力在争吵中发现和认识他人的观点。在这个阶段，孩子如果能得到适当的帮助，就会采取更直接的行动去面对争吵，而不是像第一阶段的儿童只会做出一些间接的举动。

下面我们一起看一段非常珍贵也非常难得的讲述：10 岁的朱利奥和米尔科是同班同学，两个孩子分别从不同视角讲述了同一次争吵。

朱利奥 / 10 岁

我今天想说一说我和我最好的朋友之一——米尔科之间的争吵，然后再讲一讲我的妈妈罗莱达纳和他的妈妈法比亚娜的反应。

那天，我们在学校的卫生间里，我嘲弄了米尔科："你好，小胖子！"他听到我的话后，立刻变得非常激动，狠狠地推了我。回到教室里，米尔科决定去告诉老师。知道了事情的经过后，老师严厉批评了我们。那一天就这样结束了。

那一周的星期日，我们两个又发生了争吵。我去教堂做礼拜，希望不要遇到他，但事与愿违，我刚一进教堂，就看到米尔科坐在唯一一张空长椅上。因此，我只得坐在他的旁边。在祷告期间，我一直以打扰他为乐，不停踢他的腿，摸他的头和肩膀。不幸的是，他的妈妈离我们不远，我的所作所为她都看在眼里。等我们走出教堂的时候，她对我说："这样的朱利奥真是有些让人失望。"我妈妈替我辩解说，一个巴掌拍不响。妈妈的话让我陷入沉思,因为米尔科什么都没有做。而我就是向一个完全没有反抗的好朋友发起了战争。妈妈们的话让我意识到,星期一回到学校,我必须要向米尔科道歉。周一早上,我一到学校,马上就去找米尔科。一看到他,我就跑过去对他说:"对不起,我不知道自己为什么嘲笑你,你能原谅我吗?"他笑了笑,开心地说他愿意。正是这次争吵的经历,让我们变成了最好的朋友。也许可以说,如果没有妈妈们的那些话,我们可能不会变成这么好的朋友。

米尔科 / 10岁

今天我想说一说和朱利奥争吵的痛苦经历。有一天,他来到学校的卫生间,开始嘲笑我,说我是小胖子,我生气极了。所以我推了他,还去找老师露琪亚告了状。老师告诉我们要做好朋友,互相友爱。整个星期我们都水火不容,我在家哭了,但我并没有告诉妈妈。两天之后的一个晚上,我太难过了,就把一切都告诉了妈妈。妈妈听完我的倾诉之后告诉我,能吵架的朋友才是真正的好朋友。周日做礼拜的时候,我们遇到了朱利奥和他的妈妈,我们谈论了我们吵架的事情,但也没有多说什么。周一,朱利奥向我道歉,我非常高兴。现在我们是最好的朋友。

这两个10岁孩子的经历,证明他们有能力构建一个具有象征意义的过程，特别是在成人的帮助下（在这个故事中，是两个孩子的妈妈），她们的话让孩子们反思了他们的冲突过程。

在这个故事中，朱利奥是那个受到"启发"的孩子：妈妈的话虽然是无意识的，却引导他换位思考，对米尔科的遭遇产生共情。对孩子们来说，这个过程是很容易的。妈妈们出于本能的保护带来了显著的成效。可以预见，家长们认识和学习了我们的新方法之后，还能让这种方法发挥更大的作用。

萨拉 / 10 岁

今天我想谈谈两个朋友吵架的事情，主要是她们的争吵还牵连到我。当时在上课，我们要画一个图案，正当我在涂色的时候，玛尔塔走出教室，她刚离开，我就听到有人小声叫我的名字："萨拉！萨拉！"是瓦莱里娅在叫我，她让我去存放书包处找她。她对我说："我以后不再和玛尔塔说话了，她是个笨蛋，什么都不懂。"我问她："出了什么事？"她气鼓鼓地走了，留下我一个人摸不着头脑。我刚坐下，又听见有人叫我："萨拉！萨拉！"这次是玛尔塔。你们猜到了吗？她说的话跟刚刚瓦莱里娅说的一模一样。

课间休息时，瓦莱里娅对我说："我是对的，她是错的，对吧？"我还没来得及回答，玛尔塔立刻就说："她是错的，我是对的，对吧？"我真的不知道该怎么办，因为她们两个都是我的好朋友,我并不想站队。那一刻我失控了,我大喊:"够了!你们是朋友,不应该吵架。"第二天,她们对我说她们已经和好了,因为真正的好朋友要好好相处。

这是另一种无意识的、自发的疏导方式,当然主要是儿童天真无邪的天性使然。故事中的主人公像一座桥梁,她保持中立,打通了争吵双方沟通的渠道。

> 在争吵中,如果有人能够不偏袒任何一方,
> 而是帮助他们沟通,让双方建立连接,
> 那么情况或许会不一样。

通过这个过程,孩子们认识到别人也有自己的原因和道理。而在第二阶段,孩子们会通过更加丰富的言语进行沟通与交流。家长此时的任务就是支持这一过程,防止孩子们变得为所欲为、过于以自我为中心,帮助他们发展解决问题和困难的能力,开阔他们的视野和思维,让他们认识到现实的复杂性。一旦孩子的这项能力得到巩固,他们就可以独自处理好困难和矛盾。

正如卡尔维引用皮亚杰的话:

> 根据皮亚杰的说法,真诚的讨论最成熟的形式和过程是在较后阶段形成的,并由儿童试图协调其活动的互动经验促成。在这个过程中,孩子们了解到其他人可能持有不同的观点,这些观点是可以进

行比较和分析的。一旦建立了这种比较和分析意识，孩子不仅会尝试与他人合作，还能加深对自己的认识和理解。[9]

> **好好吵架法**
>
> 本方法的第三个优势：孩子能学会和掌握在逆境中退而求其次的方法，这可以发展他们的自尊和自信，帮助他们塑造更好的自我。

通过好好吵架法获得的第三个益处是面对分歧的创造性能力，这可以帮助孩子们建立自尊和自信。

在和成年人交流的时候，我常常感到家长们真的很担心，也很害怕孩子们的争吵成为不公平的来源：害怕自己的孩子受欺负，又害怕他们作为"强者"欺负别人，尤其是当孩子们争抢物品、玩具或朋友的时候。

翻阅搜集到的案例，我们发现，孩子们在争夺某样东西时，其中总有一人会妥协，如果把这种"让步"解读为"受欺负"，就大大减弱了这一举动中蕴含的智慧。

当一个孩子无法说服自己的同伴和他分享玩具会说："我不喜欢你的玩具！我要去找一个我更喜欢的玩具！"显然，这个孩子放弃了自己的立场，但并不意味着他失败了，反而意味着他具有主动放弃的能力。他认识到了困难，转换思维去寻找其他东西，从而改善现状。

这是一种面对分歧时的创造性能力。当身处逆境时，孩子们不是硬着头皮把自己逼进无路可退的死胡同，或是在一个没有出口的隧道里来来回回，而是灵活变通，用自己的能力找到出路。这意味着孩子们有能力找到其他获得满足的途径。

我坚信这是我们的新方法能够教会孩子的一项非常重要的能力。这项能力和创造力紧密相连，是我们拥有的巨大的智慧财富，但目前还没有得到充分开发和使用。

> 在这方面，关于智商的一些研究结果非常有趣。20世纪70年代，当代智商研究权威学者詹姆斯·R.弗林通过研究智商的检测数据，在不同的国家里，智商值每十年提高3个百分点。这一规律时至今日依然有效，被称作"弗林效应"。这个数据相当有意义，这意味着如果20世纪初的智商平均值在70～75，那么今天我们的平均值早已超过了115～120。
>
> 根据弗林的解释，智商平均值的增长，很大程度上与从儿童时期起就大量使用抽象概念有关，当然也和家庭规模减小有关，孩子们不得不过早使用抽象思维以适应和成人的互动。此外，20世纪以前，只有哲学家和科学家才拥有运用抽象思维以及假想的能力。绝大多数生活在那个时期的祖先们并不需要这种能力。对于他们来说，会读书、会写字、会算

> 数就足够了。但是进入 20 世纪，随着教育的普及，社会上逐渐形成了一种关于科学认知的规范化智商模式。[10]

当代儿童的认知水平越来越高，但在情绪认知和管理、自尊和自信、自我认知等方面却显得非常脆弱。

从这一层面来看，好好吵架法能激发孩子塑造更好的自我，而不是重复已经过时的、不适合当代孩子的老一套教育方法。

下面我们将看到两个上幼儿园的小女孩就已经有能力在"我说白，你说黑""是我的，不是你的"这样的逆境中找到应对的策略。这一过程能激发孩子发挥创造性思维。

两个小女孩正在画画。一个对另一个说："你的画真丑。"另一个答道："才不丑，因为是我画的。"前者又说："我觉得丑。"后者也继续答："我觉得美。"老师听到她们的对话，正在犹豫要不要干预，最后只是告诉孩子们，每一幅画都很美，然后就离开了。孩子们画完了，第二个小女孩准备把自己的画放到柜子里，第一个小女孩又问："你要干什么？把画扔了吗？"第二个小女孩答道："不。我要把画放好，晚上我要拿给妈妈看，她懂我。"过了几天，两个小女孩又在一起画画，把画带给妈妈看的小女孩问同伴："你喜欢我的画吗？"同伴回答："我不喜欢，但是如果是你画的，我觉得是美的。"

正如我们在这个故事中所看到的，如果只是把两个孩子之间的争吵解读为简单的矛盾，或是一个被另一个欺负了，就低估了孩子这一行为背后蕴含的价值。这是一个在矛盾和对立当中互相沟通、互相交换看法和观点的过程，争吵发挥了最佳的作用。如果这时还有一个成人（在这个故事中可能是老师）帮助孩子们，让她们说说自己的原因和感受，孩子们会逐渐形成独立面对问题的习惯，就好像他们与生俱来就拥有这样的能力和本领。但如果解决问题的方法是家长或者老师强加给孩子们的，这一创造性的学习过程就受到了阻碍。

伊莎贝拉 / 菲利普（8岁）的妈妈

每次我儿子邀请小伙伴来家里玩的时候，一开始总是不太顺利。比如说昨天，他们三个一起玩贾尼的平板电脑，我觉得贾尼带这个来玩是不明智的选择。菲利普马上就提议说自己先玩，因为只有他没有平板电脑。另一个伙伴毛里奇奥表示不同意，两个人开始吵起来。看到局势有点紧张，我赶紧过去问三个人有没有更好的解决办法，总不能为了玩平板电脑就打架吧。他们讨论了大概五分钟，这个过程中每个人都挺激动的，最后我看到他们一起去院子里踢足球了。

伊莎贝拉的做法非常简单，但非常有意义。她仅仅邀请孩子们想想有什么更好的方法，而不是为争夺某一物品争吵（当然，这一物品对于他们每个人都非常重要）。孩子们接受了家长的建议，最终找到了解决的办法。有趣的是，最后大家选择去踢足球，而不是玩平板电脑。可能孩子们达成了一致，之后再以某种方式玩平板电脑。最重要的是孩子们努力去面对困难，最终换来了令大家都满意的结果。而妈妈扮演的角色也非常重要，她没有用传统的方式干预孩子们的争吵并提出解决方案，而是鼓励三个孩子自己想办法。妈妈的这一做法非常重要：赋予孩子们继续"争斗"的权利，引导他们找到一个更好的解决办法。

处在第二阶段的孩子们愿意接受挑战和尝试，他们已经具有足够的能力解决问题。他们采用的方法是符合他们的年龄和能力的，可以帮助他们走出交际困境。当然，对于孩子们的成功，一个类似于伊莎贝拉这样的角色也是必不可少的。

反观第一阶段的儿童，当父母邀请孩子们自己去寻找解决方法时，这些低龄儿童更加倾向于让步或是放弃，他们对在争吵中实现双方利益最大化好像并不感兴趣。

还有很多家长对于自己孩子"顺从"的态度感到非常担心，他们经常为此来寻求我的帮助。在家长学校的一次座谈会上，一位妈妈告诉我："我儿子已经7岁了。我觉得他从小就在和小朋友的交往中处于弱势。随着他越来越大，我觉得他得做些什么，在和小朋友发生冲突的时候，让别人也尊重他。"最主要的担心集中在："如果我儿子与世无争，我该怎么办？他长大了会不会被人欺负，被霸凌？"家长的这些担心不是没有道理的。因为从外界看来，那些身材瘦弱或者性格过于内向、不善于合作的孩子总让人觉得很脆弱。

但我们也不要忘了，这种看法完全是成人的思维方式，是以成人的眼光来思考和判断孩子们的行为举止。

> 都灵大学的劳拉·博尼卡的研究[11]证实了孩子们在冲突中主动放弃的行为并不像成人认为的那样是一种失败，其实是孩子们寻求双方利益最大化的一种策略。
>
> "人际互惠互利似乎是任何沟通形式的基础。特别是在冲突或不对称的互动中，互惠互利是不可或缺的。只有这样双方才能共同讨论同一问题，信息才能从知道更多的人那里传递给知道较少的人。……这一现象在幼儿身上就可以看到。大约在15个月大的时候，他们就已经对违反互惠互利的行为非常敏感，即使没有成人的干预，他们也会想办法……实现互惠。通过分析，我们完全有理由认为，建立在平衡关系和因果关系之上的人际互动关系，反映出交际策略并不一定受到交际双方教育背景的影响。另一方面，交际策略具有随机性和不可预见性。认识到这些，我们才能够更好地理解儿童是如何将社会认知与社会情感认知联系在一起的。"[12]

这同时也是青少年心理学研究的一项重要的基本法则：每一个人（特别是儿童）总是希望通过自己的行为获得最大的利益。所以，觉得某些孩子是懦弱的完全没有意义。放弃并不是懦弱的表现。

这其实是一种主动放弃[13]，正如我们在本书中反复强调的，这是一种特别的能力，不再把争吵仅仅看作是简单的冲突，而是一个寻求利益最大化的机会。

对于那些总是担心自己的孩子可能会被别人欺负的家长，我要说的是，完全没有必要为此担心。我再一次提醒家长们，孩子们之间的争吵不是公平和不公平的问题。这样的想法不利于认识孩子们的冲突和矛盾中蕴含的价值和潜力。在这个过程中，孩子越觉得困难，就越是会寻找更好的解决办法。

总之，使用好好吵架法，能够最大程度发挥争吵给孩子们的成长带来的价值和潜力。

> **实战练习**

在记录中见证孩子的成长

家长刚刚开始使用本方法时,孩子们似乎也都跃跃欲试。现在我们就具体看看他们学到了什么。这个练习可以让家长准确地记录下孩子们的进步。

描述一次你的孩子与别的孩子之间的争吵。

_____
_____
_____
_____
_____

他们学到了什么?

能力	完全没有	很少	好	非常好
自我调节能力				
站在他人角度看问题的能力				
寻找替代方法的能力				
其他				

第 8 章

◆

场景应用 1

——二胎以上家庭如何使用好好吵架法

> 我那时 7 岁，披着金色的波浪长发，穿着浅色的睡衣站在佛罗伦萨家里的阳台上，我的黑白影像出现在镜头里。
>
> 我对着站在镜头后面的爸爸微笑，我看着快门越靠越近。
>
> 突然我的哥哥卡罗来了，他那时 9 岁半。他悄悄地从屏幕的角落里出现，也想参与我们的拍摄……他很生气，满眼仇恨地看着我。
>
> 我推了他一下，用好孩子不应该使用的暴力行为赶走了哥哥，
>
> 然后回来继续做影片的唯一主角……
>
> 画面晃动起来，屏幕上出现条纹、闪光、数字，最后陷入黑暗，
>
> 还传来哥哥的叫喊声："我早就说过琪娅拉是个坏孩子，
>
> 我说了好多次，但你们都不相信。今天终于证明了！
>
> 你们都看到了吧！"[1]
>
> ——琪娅拉·拉帕琪尼，《好女孩》

兄弟姐妹间的争吵难以避免

再也找不到什么事能像兄弟姐妹间的争吵这么明显,这么自然,又这么难以避免。

孩子们的争吵使家庭问题变得更加复杂。因为很多家庭有不止一个孩子,因此争吵主要发生在兄弟姐妹之间。对于这些争吵,完全不需要专门请教精神分析专家。兄弟姐妹之间的争吵是再正常不过的事情,他们之间的争吵乃至争斗,除了为满足自身需求之外,主要是为了引起父母的关注。从孩子的视角来研究兄弟姐妹之间的关系,是一件非常有趣的事情。

弗兰切斯科 / 10 岁

我的妹妹叫切奇莉亚,今年 4 岁。我们总是吵架,什么事都能吵起来。一放学回家,我们就立刻开始吵架,因为看到我吃零食,她也想要吃,虽然她已经吃过了。我们又吵又打,因为她觉得是我不愿意让她吃零食,实际上是妈妈不允许她吃。当我玩电子游戏的时候,妹妹又来捣乱,因为她想要看动画片,我不让她看。怎么可能有这样的妹妹!简直太令人难以忍受了!

鲁杰罗 / 9岁

我7岁的弟弟让人有些头疼,他觉得什么东西都是属于他的,甚至包括我的东西。有时我们一起玩小汽车,但他从不感激我。每次玩完玩具,总是我来收拾。

在此,我要重申在本书中多次提过的观点:在现实生活中,人们还是以自我为中心居多,而不是像想象中那样乐于分享、富有牺牲精神。如果把这一背景代入家庭生活,就很好理解孩子的行为和亲子关系了。孩子们的主要目标就是获取家长的关注,强调自己的存在。因此,有时独生子女在知道可能有人要来撼动他们在家中的地位时,会非常激烈地反抗。而面对孩子的这一"专横"行为,家长们反而会有深深的内疚感。"我希望我的孩子生活幸福,和我保持亲密的关系,爱自己的父母,同时他们之间也互相友爱。"愿望是美好的,现实是残酷的。孩子们依然我行我素,让父母的希望都落空。

一方面,绝大多数当代父母都是在棍棒教育下成长起来的,面对自己的孩子,他们不愿意再采用这种令人痛苦的教育方式;另一方面,这种传统的教育方式见效甚微。因此就出现了一种非常尴尬的情形:当代父母对于新的形势和新的问题感到束手无策。

关于上述观点,这里有一个非常惊人又非常经典的案例。主人公是两个孩子的妈妈,大的孩子4岁,小的只有6个月。妈妈认为自己的大儿子嫉妒心非常强,但同时又觉得是自己生了弟弟，才对哥哥造成了伤害。痛苦深深折磨着这位妈妈：在目睹了哥哥听说自己怀孕后的痛苦表现，她痛哭了整整两天。因此，这位妈妈坚信要多陪伴4岁的哥哥，尽管教育心理学研究一直强调，为了建立良好的亲子关系，妈妈应该多陪伴刚刚出生的新生儿。那怎么处理6个月大的弟弟呢？爸爸妈妈给他准备了一个单独房间，爸爸陪着弟弟睡，而妈妈则带着4岁的哥哥在大床上睡。这真是一个令人难以置信的方案，但恰恰也证明了当代父母的担心与害怕。他们害怕弟弟妹妹的到来让家中的大孩子感到痛苦，也害怕孩子激烈反抗，又害怕自己采用强硬的方法会破坏亲子关系。

　　还有一位妈妈，同样担心妹妹的到来会伤害哥哥，也害怕哥哥会嫉妒，因此，她和丈夫决定让哥哥给即将到来的妹妹取名字。这个故事里的哥哥名叫马可，当时5岁，表面上看起来，他非常高兴获得如此重要的权利，立刻就开始给妹妹选名字。然而，他今天想一个名字，明天又想另外一个名字，最后，妹妹马上就要出生了，哥哥还没有给她选好名字。关于类似问题，家长们要特别注意，首先，名字会伴随每个人的一生；其次，这么重要的责任不应该让一个孩子来承担，这本来就是父母的责任。这样做只会加剧孩子的嫉妒，而不是像家长认为的那样，能缓解这种情绪。

安杰罗 / 10岁

　　我哥哥16岁。我和他无时无刻不在吵架，尤其是在打游戏的时候。一般都是这样：我在打游戏，当我犯错的时候，他就毫不留情地批评我，直到我暴跳如雷。还有，每次我放学回家准备休息一下的时候，如果他心情不好，我们肯定会吵架。当然了，和哥哥在一起还是有很多快乐时光的，比如，我们一起去踢足球的时候。虽然我们一直在吵架，但我还是很爱哥哥的。有一次，哥哥外出去参加足球比赛，我整整一周都见不到他。没有哥哥我很不开心。有哥哥真是一件幸福的事情！

这次的故事是一个弟弟讲述的。比他大 6 岁的哥哥对于他来说是一个参照点、一个定位坐标，这能帮助他将争吵转化为基于两人共同利益的同盟。但类似的情况几乎不会发生在哥哥和妹妹之间，正如 10 岁的弗兰切斯所描述的 4 岁的妹妹切奇莉亚，他认为："怎么可能有这样的妹妹！简直太令人难以忍受了！"所以，视角不同，得出的结论完全不同。从弟弟、妹妹的角度出发，哥哥或姐姐更多是榜样或偶像，但从哥哥、姐姐的角度出发，他们眼中的弟弟、妹妹则多是捣蛋鬼。

8 岁的亚历山德罗也是这么想的。他是家中的独生子，坚决不想要弟弟或妹妹。"我从来没有想过要有弟弟或妹妹，因为我做作业或玩乐高的时候，他们只会来打扰我。"

还是这个老问题：哥哥多少都会对弟弟的到来感到不满，但弟弟的态度却相反，他们通常把哥哥看作是一种积极的存在，是他们在各个方面的榜样。与此同时，年龄最小的孩子也会选择不断抗争，从而更好地融入家庭，特别是那种有 3 个或 3 个以上孩子的家庭。对于最小的老三或者老四来说，问题就有点复杂了。对于有两个孩子的家庭来说，最小的孩子通常对哥哥或姐姐都是崇拜又喜爱，但哥哥或姐姐对弟弟或妹妹不一定有同样的情感。许多研究结果都证实了这一点。

> 有两点是非常清晰明了的。第一，哥哥或姐姐会保护弟弟、妹妹，特别是当其他人对弟弟、妹妹表现出兴趣或开玩笑威胁他们的时候。第二，当爸爸或妈妈袒护弟弟、妹妹的时候，哥哥或姐姐的行为就很矛盾。如果爸爸和弟弟一起玩，哥哥可能马上要求一起玩，并努力把家长的注意力吸引到自己身上，或者故意捣乱，干扰爸爸和弟弟的游戏。此外，如果爸爸、妈妈责备或惩罚弟弟，哥哥通常会站在弟弟一边保护弟弟。[2]

我曾尝试总结兄弟之间争吵的规律，想帮助家长们更好地解决孩子们的争吵。一般来说，哥哥总是对弟弟抱着抵触的态度，而弟弟却总是想要接近哥哥。不过，由于每个人的性格不同，这类规律并不适用于所有人。

萨拉 / 8岁

我的哥哥马蒂亚今年13岁，他人非常好，如果他不在家，我会很想他，我们的关系非常亲密。我们几乎不吵架，即使偶尔发生争吵，也不会持续很久。我们的爱好几乎都是一样的。

哥哥在学校成绩特别好,有时候,他还会教我几个西班牙语单词或者方言。

看到妹妹描述的哥哥,我们可以感受到妹妹对哥哥的爱和认可,从而认识到哥哥和妹妹之间互动和相处的方式。认识到这一点可以更好地帮助父母们处理哥哥和妹妹之间的问题。如果能了解到马蒂亚是怎么看待妹妹的应该会更加有趣。

> 接受孩子会互相争夺父母的宠爱这一事实,
> 放弃追求"平等对待孩子"这一不切实际的目标。

家长对家中刚刚诞生的新生儿(无论是弟弟还是妹妹)还是应该给予更多的关心和爱护,而且必须在保障其安全的前提下更多地陪伴他们。[3] 父母双方也应该以团队合作的方式,分别给予两个孩子情感上的关照。但是不要忘记,成长的目标就是不断地学习并掌握独立生活的必备能力。

给两个孩子家庭的建议

首先,我还是要强调一下我们的基本原则:在开始具体实施好好吵架法之前,父母必须达成一致。孩子们对父母的一举一动非常敏感,并能感知到父母的情绪变化,如果他们敏锐地察觉到父母有分歧，就会立刻形成同盟来反抗。

沟通在本方法实施的过程中很重要，请记住，沟通不是临时或随意性的，而是贯穿始终的。比如说，妈妈们总是想冲在解决问题的前线，但是，我不建议妈妈们在没有和爸爸们商讨的情况下，就轻易尝试新方法。如果妈妈们抱着侥幸心理，想要试一下新方法是否有效，还想着万一失败就退回原位，那就大错特错，离失败不远了。正如任何一种教育方法一样，教育者必须清楚自己在做什么，要有坚定的决心并持之以恒地使用这种方法，才能取得期待的教育效果。其实孩子们掌握自主处理问题的能力并不需要太长时间。

在前几章中，我们已经证实了这一方法在学校和家庭中的有效性，大量的例子也给了我们信心。在实施这一方法的家庭中，孩子们的争吵大大减少，虽然孩子们难免发生口角，但是那种无休止的吵闹，甚至是打架受伤的情况，基本上都成了历史。

当然，在某些情况下的确很难实施这一方法，比如坐车进行长途旅行时，两个或三个孩子都坐在后排的座椅上，这时候发生了争吵。在这种情况下，唯一可行的方法就是保持耐心。孩子们如果已经习惯了独立解决问题，就一定能够自己处理好，而不需要不断地打扰父母以寻求帮助。

> **好好吵架法**　不要偏袒兄弟姐妹中的某一个，相反，要努力保持中立，不要卷入其中。

或许是受到自身童年经历的影响，不少父母会根据自己的主观判断去偏袒争吵中的某一方。这种判断很容易出错，而且家长们可能也意识不到自己的举动对孩子的心理可能造成的负面影响。因为父母对对方的偏袒，就意味着自己不被接纳，这是一种深深的无力感、屈辱感和失落感，会比与兄弟姐妹之间的争吵带来更多、更深的伤害。

兄弟姐妹间的争吵会在他们的交际互动中不断被代谢掉，因为孩子们天生具有一种能力：通过设立界限保持独立，但同时又能在共同的空间里和谐相处。

但如果父母偏袒某一个孩子，会导致另外一个孩子产生负罪感，或者被看作是吵架的始作俑者。琪娅拉·拉帕琪尼在自传《好女孩》一书中就描写了她和哥哥的生活经历，我们在本章的开始就分享了其中的一个故事。

> 的确如此，在那部小短片中，我扮演父母最宠爱的女儿，而哥哥卡罗是被冷落的。事实上，我从小就懂得利用这种特权。假如哥哥敢在争吵中轻轻碰我一下（虽然十次争吵中有九次都是我挑起的），我就会

哭喊着："爸爸，好爸爸！"爸爸就赶紧过来拯救她的宝贝女儿了。

这个故事再次证实了一点：不管父母如何坚信所做的一切都是为了孩子好，他们所谓的公正通常来说都是无效的。解决兄弟姐妹之间的争吵，首先要做的就是退后一步。不要偏袒任何一个孩子，更重要的是不要卷入其中。因为孩子的自主能力一旦被激活，就很难被消除；而就算家长觉得自己在孩子们的争吵中扮演中立的角色，在孩子看来家长仍然是在偏袒某一方。

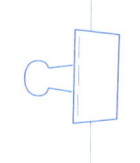

好好吵架法 不要担心兄弟姐妹间的争吵。他们并不会因为吵架而失去彼此。

尽管争吵的时候，局势逐渐紧张，有时候我们甚至能在孩子们身上感受到仇恨的情绪，但各种研究和实验结果都证实，兄弟姐妹之间的关系是以深厚的亲情为基础的，这种关系非常紧密。正因如此，兄弟姐妹之间非常容易发生争吵，而且原因很复杂，表现形式很激烈。

路易吉娅·卡玛伊奥尼说过：

> 事实上，我们发现兄弟姐妹之间的关系非常复杂，

是一种对立、冲突、合作和友爱的混合体。有很多兄弟姐妹常常吵架，但在一起也玩得很好。在有些情况下，对立性主要体现在需要合作的时候，或者相反。还有一些兄弟姐妹，他们之间的对立或者合作都表现得不太明显。

学龄前的幼儿，如果有和兄弟姐妹争吵的经历，会显得更加善于与他人合作……。妄想仅仅使用一种维度的"友爱"或"对立"来定义兄弟姐妹之间的关系，是很荒谬的。[4]

朱迪·邓恩的研究还发现了一个有趣的现象[5]，兄弟姐妹之间有一种自然倾向，即不计后果都要保持争吵的状态。对于他们来说，争吵的结果不重要，因为他们非常清楚，不管怎么吵，他们都不会因为争吵而失去对方，兄弟姐妹之间的亲情关系不会改变，这是一种客观的、明确的、不可或缺的基础。

邓恩同时还指出，与兄弟姐妹相比，朋友之间有一种显著的和解倾向，特别是朋友之间的争吵是要考虑后果的，因此，孩子们都倾向于尽量避免和朋友发生争吵，因为那会破坏双方之间的关系。但这样的担心在家庭里就不存在。

如果孩子具有和解的能力，是因为他们理解了别人的需求和意志，但他们并不会在所有的社会关系和社交场景中使用这一能力。……孩子们非常清楚地知道，不能因为玩什么游戏或者怎么玩等简单的原因，就破坏和朋友之间的关系。[6]

孩子们如此处理和朋友之间的争吵，并不意味着和自己兄弟姐妹之间的关系就更差一些，当然，评判一种关系的好坏也不能以此为指标。

> **好好吵架法** 不要试图去说服兄弟姐妹们在争吵中表现好一点。

我们经常会听到妈妈对自己的孩子说："你在学校表现那么好，怎么在家对妹妹这么差……为什么不能像在学校那么棒呢？"这些话对孩子来说没有意义。孩子们在学校里有塑造乖巧形象的需要，他们需要被他人认可和欢迎，或者他们期待成为班干部，所以他们在学校的行为都是为了获得肯定。而在家里，他们没有上述需求。正如我们刚刚讨论过的，在家里，孩子们并不担心会破坏和兄弟姐妹的关系，至少在童年时期没有这种担心。所以，企图说服兄弟姐妹们在争吵中表现好一点，根本就是浪费时间。

而这也是好好吵架法与其他单纯、简单的口头说教相比更有效的一个重要原因。过去，家长们还可以用打骂等惩罚手段威胁、恐吓孩子，这对于孩子们来说还是有一定威慑力的。如今，情况早已发生了变化，孩子们根本不担心也不害怕会失去什么。

我想强调孩子们自我调节和自我约束的作用。好好吵架法把重心放在孩子自身，让他们有机会获得和掌握更多与他人互动交际的策略，而不是只有争吵这一种方式。

其实，过多的争吵也会给孩子带来烦恼。虽然争吵是游戏过程中不可避免的环节，但孩子最重要的需求和拥有兄弟姐妹的好处就是有人一起玩耍，因此，对于一心只想着玩的孩子们来说，不论是朋友之间还是兄弟姐妹之间都有尽可能达成和解、达成一致的倾向。他们并不想一直争吵，因为那会导致他们无法玩耍。

在家长的支持下，孩子们能尽快学会沟通、倾听和理解他人的观点，并了解到在争吵中是否存在误会，然后独立自主地达成和解。孩子们一旦掌握了本方法，就能灵活自主地运用。

这一点可以在8岁的乔瓦尼的故事中得到印证："当我和马特奥吵架的时候，绝大多数情况下，爸爸妈妈其实都没有察觉。我们谁也不理谁，既不说话也不看对方，过一会儿，我们就会互相道歉，然后再继续玩耍。"

乔瓦尼的最后一句话"然后再继续玩耍"，正是对这一阶段孩子首要需求的最佳总结。在童年阶段，孩子就是要"利用"兄弟姐妹来尽情玩耍，这才是他们最主要的兴趣。

卡尔罗塔对自己的哥哥也是同样的态度："我哥哥8岁，我们关系很好，但有时也会吵架甚至打架，但第二天我们还是像往常一样玩耍。能有一个哥哥,我觉得是很幸运的事情,虽然我们会吵架。每当我生病或独自一人的时候,我就会产生孤独的感觉。我不喜欢那种感觉。"

卡尔罗塔所说的"孤独",指的是独生子女的感觉。关于这一问题,我们将在下一章中进行解释和说明。与独生子女相比,卡尔罗塔在成长过程中具有自己的优势。因为在家庭生活中,她有一个可以分享喜悦和痛苦的哥哥。

西尔维娅·维杰蒂·芬兹也特别强调这一观点:

> 兄弟姐妹之间这种不断争吵又不断和解的过程,完全不是我们所认为的负面和消极的过程。孩子都是绝对的利己主义者,但是这种争吵又和解的过程,对于他们来说是一种重要的体验,让他们认识到情感是不断调整、不断转变、不断变化的。他们甚至会毫无理由地对自己的兄弟姐妹又爱又恨,而且他们也不会因为自己的这种行为产生负罪感,因为他们清楚,兄弟姐妹之间的关系并不会因为争吵而发生本质上的变化。所以,担心完全是不必要的。孩子们表面上在争吵,在拳打脚踢,但实际隐藏着很多父母无法察觉到的积极和正面的情感。
>
> 兄弟姐妹互相友爱,从不吵架,只会出现在童话故事中……其实兄弟姐妹之间能够正面表达自己的负面情绪、自己的对抗,甚至是自己的恨,是很积极的行为,虽然这些情感在传统教育中被认为是不好的、

不正确的情绪，孩子们也因此不得不主动放弃或者隐藏这些不被社会认可的负面情绪。

争吵又和解正是兄弟姐妹关系的一个显著特点：他们既是盟友又是对手，他们要互相斗争以保卫自己在家庭里的地位并肯定自己。正如在未来的生活中，当有需要的时候，他们知道彼此是可以依赖的。[7]

在现实生活中，兄弟姐妹之间的关系是相当复杂的，而争吵也是其中正常又健康的一部分。但这并不意味着家长就可以无所作为。家长必须用知识武装自己，让孩子们的争吵成为他们学习和成长的机会。

一对采用了好好吵架法的父母向我们讲述了他们两个孩子的故事。故事的主人公是 5 岁的安娜，她还不会写字，她的哥哥皮耶特罗 8 岁，已经会写字了。

破玩具娃娃

安娜和皮耶特罗是贝内代塔和法比奥的两个孩子。

安娜是个活泼外向的孩子，皮耶特罗心思缜密，但性格坚定。

一天下午，房间里突然传来了两个人的叫喊声。安娜生气地对哥哥喊："你弄坏了我的玩具娃娃！"说完就哭了起来。过了一会儿，皮耶特罗说："哎呀！你咬我！走开！别捣乱！"

妹妹抽泣着跑去找妈妈，给妈妈看坏了的玩具娃娃："是哥哥弄坏的！他是个坏蛋，我还要告诉奶奶！妈妈，你快点批评他！"

贝内代塔决定使用好好吵架法来解决问题。前一天晚上，她已经和丈夫交换过意见，丈夫也同意使用这个方法。所以，他们已经准备好了毛线球。

哥哥皮耶特罗也过来找妈妈了，他也非常生气，把被妹妹咬的伤口给妈妈看。

贝内代塔根据新方法的原则，不再去寻找过错方，也不再问往常那些问题："是谁？谁开始的？你做了什么？你为什么让妹妹生气了？你为什么咬人？"同时也不再向孩子提供可能的解决方法："回去好好一起玩吧！不要吵了！都不许再哭再叫了！回自己的房间各玩各的！"

妈妈的改变让两个孩子感到非常惊讶，贝内代塔把毛线球交给了皮耶特罗。"来吧，你先给妹妹说一说事情的经过。"哥哥对于妈妈的要求很不适应，他直接要求妈妈惩罚妹妹，因为她咬了人。

妈妈坚持："你现在拿着毛线球，你可以讲讲你的看法。妹妹对你做了什么？你直接告诉她。"

哥哥有些不满，但还是开始说道："安娜说是我把她的玩具娃娃弄坏了，但我连碰都没有碰她的娃娃。而且我真的很烦，因为她不停地在我玩的时候来打扰我！"

妈妈让哥哥把毛线球交给妹妹，并邀请她讲讲自己的看法。

安娜马上反驳道："哥哥弄坏了我的玩具娃娃，我咬他是因为我生气了。"

哥哥拿过毛线球说："娃娃本来就坏了，不是我弄坏的。"

安娜问："那是谁弄坏的？我找到它的时候就坏了！"

哥哥说："可能是你昨天和你的好朋友黛博拉玩的时候弄坏的。你们昨天把玩具娃娃从床上往下扔……"

安娜又说："但是我的玩具娃娃坏了，我该怎么办？"

哥哥安慰说："让我看看能不能修好它。"

两个孩子从妈妈那里接过胶水，一起回房间去了。

哥哥皮耶特罗在故事的最后主动承担起帮妹妹修玩具娃娃的任务。这样的结果是很正常的。其实任何一种教育方法都只是一种框架，但在实施的过程中，它会一次又一次地激发和激活孩子们与生俱来的本领和能力。

许多研究都在不断强调言语沟通的重要性，特别是在幼儿之间。凯瑟琳·卡尔维在《孩子们的对话》一书中就指出，学龄前儿童和学龄儿童通过争吵，可以显著提高语言能力。甚至可以说，即使是非常小的孩子，也可以通过争吵帮助自己获得和发展语言能力。

儿童之间的交际，特别是争吵，对于他们的语言发展具有重要的作用，因此，父母不要随意打断或干预孩子们正在进行的语言交际过程，同时，需要科学地引导孩子们继续交流和沟通。

卡尔维还发现，孩子们在争吵中会采用非常不同的策略来处理与同伴的言语冲突。这些策略意图都很明显，目的就是说服对方并让对方妥协。

很多反应模式是如此有规律，孩子们对它们了如指掌，因此能够很快地从与同伴的冲突和矛盾中解脱出来。具体的实践规律有：
● 自己的坚持会引发同伴的坚持；
● 忽视同伴的信息必然会导致同伴对该信息的重复；
● 妥协、让步或者是接受同伴的立场，基本上都可以结束争吵；
● 对自己立场的解释和说明基本可以让双方达成和解，也不会导致对方坚决的反对。

不同策略会导致不同的结果，同时也会影响双方在争吵中使用的言语、传递的含义以及做出的答复……[8]

如果说孩子们是有目的性的，比如想要和同伴一起坐在椅子上，然后玩同伴的玩具等，那他们一定会给自己的目的找出合理的解释，从而想办法说服同伴按照自己的意志行事。争吵就这样发生了。

"我先开始玩！"

"不行！我先玩，因为昨天就是你先玩的，今天轮到我了！"

"那好吧，你先开始，然后再轮到我！"

这些经常出现在孩子们之间的对话，在成人看来可能有点儿无聊，但对于培养孩子的言语互动能力却意义非凡。这一类对话有时也会很严肃，甚至可能引发身体的对抗。

"你赶紧起来！现在轮到我了！"

"不！你走开，该我了！"

"我再说一遍，轮到我了，因为刚才你已经玩过了！"

"我是玩过了，可我现在还想玩！"

"你不能再玩了，现在轮到我了！"

这段对话很可能伴随着孩子们的互相推搡，因为双方都急于获得一个结果。

卡尔维还指出，在这种情况下，孩子们应该这样做：

（1）重视他人的存在，考虑他人的观点，同时要说服他人。如果想做占领高地的第一人，就必须说服同伴。

（2）制定沟通策略。

简单的否定性话语是不足以说服同伴的，例如"不！""够了！""放下！"都是无效的语言，需要使用更加恰当的言语策略，才能达到自己的既定目标。

为制定沟通策略付出的辛苦是值得的。这样做不仅可以改善和提高自己的语言能力，将争吵从肢体层面转变至语言层面，而且可以锻炼自己的辩论技巧。这些都是孩子长大之后必不可少的能力。

当然，如果争吵的兄弟姐妹都会写字，基本都处在学龄阶段，使用小纸条的方法会非常有效。关于这一技巧，我们已经在第 6 章详细介绍过了。成人引导孩子们在小纸条上写下每个人眼中事情的经过。小纸条可以有效帮助孩子们暂时从争吵的情绪中脱离出来，并帮助他们整理自己的思绪，这也有利于孩子多项能力的发展。

同时也要注意到一点，正如心理学家宝拉·斯卡拉里所说："兄弟姐妹之间争吵、打闹，甚至是互相斗争，就是为了获得父母的宠爱。"[9]读完这句话，父母们千万不要觉得必须对孩子们一视同仁，正如今天很多父母所采用的策略："给你一点，再给他一点。你和他一样多。"这样做不会带来任何好处，而且每个孩子都不会感到满意。

父母需要做的是建立一个爱的框架，让孩子们感到自己被爱包围；要让孩子们感知到父母对他们的能力充满信心，并愿意给他们提供一个重要的机会，让他们展示自己的创造力，建立自尊和自信。其实就是要让他们学会独立地好好吵架。

给三个及以上孩子家庭的建议

在孩子比较多的家庭中，孩子们之间的关系也变得更加复杂。通常家中会形成以性别为基础（男孩和男孩，女孩和女孩）或以年龄为基础（大的和大的，小的和小的）的利益同盟。总有人被排除在外（虽然可能只是暂时性的），而这样的同盟会随着年龄的增长而迅速地发生变化。

孩子数量比较多（4个或以上）的家庭也具有其特有的优势，那就是孩子们之间的互动和交际更加特殊。年龄差距较小时，孩子们比较容易发生争吵，而年龄差距较大时，就不太容易发生争吵，即使有争吵，也更容易达成和解。

下面的故事发生在三个兄弟姐妹之间：索尼娅（5岁），马尔蒂诺（7岁），乔瓦尼（9岁），他们用好好吵架法解决了他们之间的问题。

被争夺的皮球

妹妹哭了，因为两个哥哥根本不理她，也不让她和他们一起玩皮球。偶然间，妹妹拿到了皮球，不肯再把球还给哥哥们了。两个哥哥试着把球抢回来，妹妹跑向妈妈并大喊："妈妈，救我，马尔蒂诺和乔瓦尼要揍我！"

"不是真的！赶紧把球给我们，不要捣乱！"

面对这场小风波，妈妈决定采用好好吵架法来解决问题，她把球当作拥有发言权的标志。哥哥们不太配合，因为他们想要继续玩球。妈妈把球给妹妹，让她说一说发生了什么事情。

> **索尼娅**：他们两个不让我和他们一起玩，因为我是女孩。而且年龄还小，但是我知道怎么玩球。

妈妈让妹妹把球传给马尔蒂诺。

> **马尔蒂诺**：我们玩球的时候，她一直在捣乱，我们不想和她玩，她应该放弃这个想法，然后去玩女孩的游戏！

> **乔瓦尼**：就是这样，就因为她最小，所以我们都得让着她，不然的话，她就哭闹起来，然后找你告状。

> **马尔蒂诺**：然后她还把球拿走，我们只是想要让她把球还给我们。

> **索尼娅**：我拿球只是想要和你们一起玩……

这时，妈妈拿起了球，告诉孩子们回房间想一想，看看有什么好的解决方法。

孩子们一起回去了。他们坐在地毯上争论着，妹妹也不甘示弱，最后他们一起回来找妈妈，并宣称他们达成了和解。

> **和解方案**：乔瓦尼和马尔蒂诺玩球的时候，索尼娅帮助哥哥们计分。等哥哥们结束比赛之后，三个人再一起进行一场比赛。

妈妈请两个哥哥把和解方案写在一张小纸条上，在晚餐的时候把纸条交给爸爸。

给双胞胎家庭的建议

在向家长提供咨询建议时，我经常遇到有双胞胎的父母。有的父母离婚了，在这种情况下，基本上都是妈妈负责照顾双胞胎。在我自己设立的"可教育性困难排行榜"上，我毫不犹豫地把双胞胎排在第一位。从儿童教育视角来看，他们绝对是最难应对、最复杂的群体，紧随其后的就是独生子女。双胞胎的确是一个非常特殊的群体，就好像爸爸和妈妈同时面对两个独生子女。双胞胎同时出生，无论是从年龄角度还是从教育角度，都不可能区别对待。

对双胞胎要倾注更多的耐心。专家们指出，为数不多比较有效的策略就是保持双胞胎的个性。让他们玩不同的游戏，穿不同的衣服，等他们开始上学的时候，让他们上不同的班级。使用这些策略还不能忽视孩子们的主观意愿，不能强迫他们。因为，有时候双胞胎也想要做相同的事情。这些做法的意义在于让双胞胎中的每一个都能够找到属于自己的道路和个性。说到这一点，如果我们教育的目标是为了让双胞胎中的每一个都能建立自己的个性，让他们能被别人区分，摆脱在妈妈肚子里、在摇篮里、在婴儿车里陪伴着自己的"第二自我"，那么争吵对于双胞胎来说就更加重要，也更加必要。

事实上，正如我们所看到的，争吵是一种寻找自我空间的尝试，对于家长而言是困扰，对于孩子来说却益处多多。这是一种方法，一种生活风格，一种生活方式。那些希望双胞胎之间尽量不争吵的想法完全是过时且无效的。双胞胎之间的争吵是自然的现象，可以给孩子们带来更多好处，而且会让他们受益终身。虽然他们与生俱来拥有一个共生的兄弟或姐妹，但这一特点恰恰可以促使他们成就独一无二的自己。

同卵双胞胎特别趋向于找寻自我，正因如此，他们之间的争吵特别多。这个时候，家长们会觉得是自己的错误导致孩子们互相争斗，争夺父母的爱。如果家长把双胞胎中的每一个看作是一个独生子女，要给予他们全部的爱，这不仅不切实际，最后也往往会让自己筋疲力尽。

双胞胎之间的摩擦是人际关系中必不可少的组成部分，不能被解读为是一种缺乏父爱或者母爱的表现，而是一种寻找自我存在和自尊、自信的尝试。

埃马努埃拉 / 8岁

我和莱昂纳多、莉莉亚娜是三胞胎，虽然如此，但我们一点儿也不像。我和他们两个从来都无法达成一致，因为他们都是坏孩子，虽然有时候他们会变得好一点，那我就愿意和他们一起玩。但是莱昂纳多从来都不喜欢我选择的游戏，所以每次都是他做主。他也不太常和我或莉莉亚娜玩。他喜欢自己搭房子玩。我喜欢和他们两个一起玩捉迷藏或其他游戏。

我们在兄弟姐妹之间看到过类似的情况，但是这次的情况又有些特殊。埃马努埃拉选择和她同性别的三胞胎姐妹一起玩耍，因为三胞胎中的男孩和她们性别不同，有自己的兴趣爱好。从埃马努埃拉的话中，我们可以感受到三胞胎之间无差别的冲突性，但他们之间的情感和关系不会有什么改变。在这一过程中，三胞胎的关系并不会因为争吵而失去什么，特别是三个人年龄都很小，所以还可以暂时保持比较和谐的相处模式。

我们再来看一个离异妈妈的故事，她有两个 5 岁半的双胞胎儿子，年龄不大，但是在争吵中却异常活跃。用妈妈的话来说，就像两座"小火山"，一旦喷发就难以平息。

罗莱达纳 / 罗伦佐和米凯莱（5 岁半）的妈妈

我家的双胞胎很小的时候就开始吵架了。我记得大概是在他们 18 个月大的时候，有一次我们在公园里散步，我在玩具摊上买了两个可以转着玩的玩具：一个转盘和一个风车。

两个人立刻开始争吵，因为他们都想玩风车。我试着分散他们的注意力，告诉他们转盘的颜色也很漂亮，很好玩，结果一点用也没有，两个人还是都要玩风车。就这样哭闹了半个小时之后，我不得不把两个玩具一起丢进了垃圾桶。从那以后，我给他们买的所有东西都是双份：玩具、卡片、彩笔、绘本。总而言之，我会尽可能减少他们因为争夺物品而争吵的机会。

但是随着他们不断长大，我发现他们可以因为任何一个问题发生争执：车上的座位，自行车上的座位，在我怀里的位置，谁先喝水的顺序，等等。而我的目的也很明确，就是通过责骂和惩罚，让他们尽快停止争吵。

大概在他们 3 岁时的某一天，我开车带着他们。他们突然因为小玩偶争吵起来。我用言语也无法阻止他们的争吵，两个人怒气冲冲，但我又没办法在路上停下车来维持秩序。现在我仍然记得当时那种担惊受怕的感觉，我真害怕他们两个又抓又咬时会伤害到对方。在车里一切都不管用了，他们又哭又叫，我说的话他们完全听不到。最后我放弃对牛弹琴，过了几分钟他们也不打闹了，两个人默默地哭泣着，寻求我的安慰。从那以后，类似的事情还发生了很多次，只不过不像这次这么严重。

3 岁到 5 岁之间，发生在他们两个之间的争吵绝大多数情况下都是米凯莱引发的，受伤的通常都是罗伦佐。欺负和被欺负的事件每天都准时上演。只要是罗伦佐玩的东西，米凯莱就一定会喜欢，两个人你争我抢，家庭氛围变得异常嘈杂。而我就这样日复一日面对他们的争吵，希望通过惩罚他们的方式减少争吵。但越是惩罚他们，我内心越是纠结和沮丧，我懊恼自己全身心地照顾他们，他们却还是这么不听话。现在他们两个快 6 岁了，我觉得威胁和惩罚完全没有减少他们之间的争吵。对我来说，能够充满耐心和自信地站在他们面前，帮助他们找到一种解决方案，一种可以愉快相处的方式，让我感到很欣慰。虽然不是每次都能找到答案，但我看到他们为此做出了努力和尝试。在这个过程中，我看到了他们对彼此的尊重。

在双胞胎之间与在普通的兄弟姐妹之间运用新方法是一样的，但可能需要更多的时间和耐心，正如上文中的妈妈所说的那样，双胞胎需要更多时间建立自尊和自信。兄弟姐妹之间的争吵频率在使用了好好吵架法之后会显著减少，但在双胞胎之间，这样的现象可能不会很快出现。不过可以肯定的是，坚持使用好好吵架法，孩子们就会更多地自主调节、主动解决问题，特别是在那些学龄期孩子之间，紧张氛围会得到明显缓和。

下面是另外一个双胞胎妈妈的故事。这对双胞胎已经进入了少年时期。

阿丽亚娜 / 克里斯蒂娜和托马索（11岁）的妈妈

幸运的是，我的两个孩子相处比较和谐，但最近一段时期，两个人经常争吵，原因是克里斯蒂娜和托马索的成长节奏发生了变化。托马索对克里斯蒂娜的变化感到有些不耐烦。在我看来，他像一个父亲一样，经常干预克里斯蒂娜的生活。他的保护欲和嫉妒心极强，同时又极其失望，因为曾经的同伴克里斯蒂娜现在的生活和他的格格不入。克里斯蒂娜也感到很困扰，她希望托马索能快点长大。在她的眼里，托马索还是一个长不大的孩子。我和他们的爸爸看着他们争吵，经常对托马索说要宽容一些，也告诉克里斯蒂娜要有耐心一点。我们尽量少干预，劝自己说这都是成长的必经阶段，不以我们的意志和力量为转移，而且托马索迟早也会体验到克里斯蒂娜经历的变化。争吵就停止了……直到有了新的由头时，又重新开始。

这个故事中的父母并没有使用我们的新方法，但是争吵也减少了。我们可以发现，孩子们还是习惯于向父母寻求帮助。从理论上来说，他们这个年龄本应该具备独立处理人际关系的能力。

好好吵架法尤其可以帮助那些特别的孩子们（比如双胞胎），虽然可能不会立刻见效，但在未来一定可以看到成果。

我们都是父母。我们教孩子不要使用尿不湿，要自己睡觉，自己洗澡，自己上厕所，自己吃饭，自己盛饭，自己做作业。现在，我们也要教孩子自己吵架。培养孩子独立自主的能力是每一位家长的职责。

这正是好好吵架法的目的所在：激活孩子们学习独立生存和面对挑战的程序，让孩子们成功且有效地解决好自己的问题，学会尊重自己并尊重他人，通过合作激发创造力。

第 9 章

◆

场景应用 2

—— 独生子女和离异家庭如何使用好好吵架法

> 我们兄弟单独在家的情况不多,因此我们都很激动,
>
> 因为这个时候我们就获得了绝对的自由,
>
> 再也没有人在身后不停地唠叨:
>
> 不要碰这个,不要摸那个;或者用惩罚威胁我们。[1]
>
> ——卡罗·卡斯特拉内塔《意大利童年》

独生子女更需要学习如何吵架

独生子女的教育难度与他们受到的宠爱密切相关，父母的态度也起到了至关重要的作用。独生子女的父母总是把孩子当作小时候的自己，向孩子倾注全部的爱，特别是当父母意识到自己只有这一个孩子之后，更是对他们加倍呵护。

从某种意义上来说，父母的溺爱延缓了独生子女的成长过程，这当然不是指生理上的成长，更多是指心理的成熟以及自主管理能力的发展。

我清楚地观察到这一趋势，很多父母对独生子女过度保护，有时几乎陷入一种病态：超过 6 岁的孩子依然和父母睡在一起；8 或 9 岁的孩子仍然不能自己上厕所、自己洗澡；任何情况下都需要父母的帮助，甚至是切比萨饼这么简单的事情。我清楚地记得在餐厅遇到的一位妈妈，她身穿紧身裤，裤子上写着"看我"的字样。她带着自己 11 岁的女儿一起吃饭，妈妈忙前忙后给女儿拿食物、切食物。其实，孩子在六七岁的时候就已经有足够的能力使用刀叉了。过分保护不利于孩子的健康成长。

> 独生子女变得越来越独断专横，
> 可能是父母的一些无意识行为导致的。

最终，独生子女把父母指挥得团团转。这让父母感到困惑和紧张，他们觉得不能也不应该由自己来承担责任。

让我们看看这一切是如何发生的。独生子女的父母没有建立清晰明了的教育规则，而是不厌其烦地问孩子想要吃什么，喜欢穿什么样的衣服，需要多少零花钱，想要去哪里度假，想要出去玩还是想要做作业或是想要看电视。这些问题都超出了孩子做决定的能力，导致孩子们认为父母无法完成家庭教育者应承担的职责。所以，孩子们决定帮父母做决定，指挥得父母团团转，直至家庭氛围变得不和谐，甚至有些紧张。

我在咨询工作中接待的父母里，有一半是独生子女的父母。独生子女的管理通常都建立于"情感—情绪"层面，而不是"组织—教育"层面，所以在使用好好吵架法时会产生一些问题。特别是父母们意识不到自己将要遇到的困难，且父母双方也无法保持一致的时候。

无论如何，使用新方法处理独生子女与同龄小伙伴的争吵绝对是一个正确的选择，这是一个好好教育这些孩子的好机会，可以防止他们在童年时期或是长大之后继续保持独断专横。因为独断专横必然会阻碍他们的成长，让他们一直处于弱小无力的状态，但实际上他们已经长大了。

> 独生子女具有巨大的优势：极强的社会适应能力。

正如朱迪·邓恩所说：

> 大家都觉得独生子女在建立社交关系以及保持关

系方面会有很大的问题，因为他们的成长环境中只有自己和父母。但这是一种不折不扣的偏见，完全没有事实依据，虽然在此领域，关于独生子女与非独生子女社会关系的研究并不多。[2]

关于这个问题，我在研究中也有自己的观察：独生子女非常善于融入群体，他们有能力找到同伴一起玩耍，邀请朋友们来家里做客；他们喜欢到公园里玩，也喜欢参与团队性的体育运动……这些似乎是为了弥补自己没有兄弟姐妹的遗憾。独生子女都具有非常高的情商，社交能力极强。而争吵对于独生子女来说也是必不可少的，也是一种学习、探索、冒险的历程。

艾丽莎 / 9 岁

真希望能有一个妹妹和我一起玩耍，这样我就不用孤单一人了。虽然我很清楚，绝大多数情况下，妹妹可能会打扰我、让我生气（比如我们一起看电视，她想看其他节目，或者我在和朋友打电话，她却大喊大叫）。但我还是会爱妹妹的，因为在我孤单的时候，她可以陪着我；我难过的时候，她会搞怪来逗我开心。我也会好好照顾妹妹，她有危险时我一定会保护她。晚上我会给她讲故事，让她好好睡觉，还会给她讲白天发生的事情。

这或多或少是独生女艾丽莎的幻想,她强烈希望有一个妹妹,但是等妹妹真的出现了,这些幻想一定会消失得无影无踪。不过,也不是所有独生子女都像她一样期待弟弟妹妹出现。

莉莉亚娜 / 9岁

我既不想要妹妹也不想要弟弟,因为要是有了他们,妈妈就会把爱和关注也分给他们。我知道爱是多样化的,而且是不会被分割的,但是我现在这样挺好的。再说,我有一个好朋友艾丽卡,她就像我的妹妹一样。我们在一起可以做很多有趣的事情,而且玩得也很开心,虽然我们只能在学校里见面。希望我们可以一直是好朋友,也希望我们能有更多时间在一起玩。

独生子女的情绪和情感都是非常不同的。莉莉亚娜的故事很有趣,她向我们展示了她如何把好朋友看作自己的姐妹,当然她们也会体验到兄弟姐妹之间的那种亲密与冲突。

也有很多孩子因为自己是独生子女而备感压力。儿童心理学研究指出,独生子女承载着父母的期望,而没有其他人可以帮他们分担这份压力。这些孩子好像背负了家族的使命,被迫要去满足父母的期望(甚至有时是爷爷奶奶的期望),导致他们陷入一种心理上的困境。几乎每一种选择都会因为独生子女的唯一性而变成一种压力。妈妈想:"我希望她学古典舞。"而擅长体育的爸爸已经在幻想女儿出现在排球场或网球场上的身影了。怎么办？顺从还是反抗？温柔还是严厉？耐心还是不耐烦？所有的期望都集中在独生子女身上，这让他们的人生变得有点复杂。

有些时候，独生子女们也会发出近乎悲哀的请求，希望能有兄弟姐妹分担他们的压力。

米凯拉 / 9岁

我是独生女，我一点儿也不喜欢这样。从我会说话起，我就希望爸爸妈妈能给我生一个妹妹。实在不行，弟弟也可以，只要是个人就行。然而妈妈从来没有计划要生弟弟或者妹妹，对此我非常生气。但是如果他们真的不肯生，我也没有办法。每当我感到孤独的时候，我就想象自己有一个弟弟或者和小狗说话，但这毕竟不是一回事。我觉得我只能这样孤独地长大了。太遗憾了！

阿涅斯 / 卡米拉（3岁）的妈妈

卡米拉生日那天，我们给她办了一个小型生日会，邀请了几个伙伴一起来吃蛋糕。我们计划邀请一对好朋友，他们有一个3岁的儿子，是独生子，叫里卡多，还没有上幼儿园。我们想着这是个好机会，可以让同龄的小朋友一起玩一玩。在生日会开始前不久，里卡多的妈妈给我们打电话说："亲爱的，感谢你们邀请我们参加生日会，但是我们不能来了。里卡多不肯出门！我已经能想象到他和其他小朋友会怎么样了……他肯定会惹事的。我们还是不去了。"

这个故事是一个典型的父母代替独生子女做决定的案例。问题的关键就是过度的关心。有些独生子女的父母极度喜欢"保护"自己的孩子，不让他们经受任何苦难和挑战，有时还会让孩子远离社交场合，因为他们害怕孩子会和其他人发生争吵。但事实上，争吵是对孩子非常有益的经历。

同时，我也认为这些父母能够掌握我们的新方法，处理好孩子与小伙伴之间的争吵，因为我们已经认识到，独生子女的社交能力非常强。独生子女之所以拥有这种能力，正是因为他们与朋友之间的关系建立在自由选择的基础之上，而兄弟姐妹之间的关系是天生的，谁也无法选择自己的兄弟姐妹。正如西尔维娅·维杰蒂·芬兹所说：

> 正是这种自由选择权，使孩子们之间的友谊更加牢固，感情的联系更加丰富，这也是兄弟姐妹的关系不具有的特性，很多兄弟姐妹更倾向于过着互不干扰的平行生活。[3]

因此，我们要对独生子女和其他孩子之间的争吵持欢迎的态度，因为争吵可以让独生子女体验到兄弟姐妹之间的对立冲突带来的紧张感，可以看作是一种补偿。下面是一个发生在独生子女和他的表弟之间的故事。

球星卡

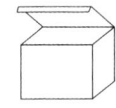

马里奥和西尔维娅只有一个9岁的儿子,名叫乔尔乔,他经常邀请朋友和表兄弟来家里玩。

一天下午,乔尔乔和8岁的表弟科拉多在一起玩,他们两个都喜欢收集足球明星的卡片。两个人决定交换一些卡片,使自己的收藏更加完整。但突然间,两个人发生了争执:乔尔乔说表弟拿走了他的两张卡片,而这两张是他的收集册中必不可少的。表弟不承认,两个人就推搡起来,不一会儿就打了起来。

当时科拉多的妈妈安东内拉也在,她问西尔维娅:"要不要尝试一下我学会的新办法?只需要一个毛线球和几张小纸条。怎么样?试试吧?你也学一下。"西尔维娅很愉快地接受了这个提议。两位妈妈来到房间里,两个孩子立刻跑过来说:

"他拿走了我的卡片!"

"我没有!"

"是你,就是你!"

安东内拉按照步骤,并没有急于寻找过错方,也没有提出解决方案,而是发给每个孩子一张小纸条。孩子们疑惑不解地互看,不知道要干什么。安东内拉要他们在纸条上写下事情的经过,写完后大声地读出来。

两个孩子开始写起来,还时不时地互相瞄一眼。写完之后,安东内拉让每个孩子都读一下自己的纸条。

> **乔尔乔**：我们为了完善各自的收集册交换了卡片。我在插卡片的时候发现少了两张。但是我并没有把那两张换给科拉多,因此一定是他悄悄拿走了。他必须还给我,因为那是我的,没有那两张卡片,那一页就不完整了。

> **科拉多**：我们先交换了卡片,然后我们插了卡片。乔尔乔就大喊大叫起来,说我拿走了他的卡片,对我又踢又打。我根本没有拿他的卡片,我连见都没见过。

听完两个孩子描述的经过,安东内拉问乔尔乔有没有其他可能性。科拉多也把自己的球星卡片册展示给乔尔乔看,里面并没有丢失的那两张卡片。

这时,安东内拉交给两个孩子另外一张小纸条,让他们在纸上写下两人的解决方案,并对他们说:"试试看能不能找到解决方案,然后写在这张小纸条上。"

两个孩子坐在沙发上,手舞足蹈地讨论着。过了几分钟,两个人带着小纸条回到妈妈这里(纸条上有很多写了又划掉的痕迹)。

> **和解方案**:我帮乔尔乔寻找在交换过程中丢失的两张卡片。
> 　　　　　　　　　　　　　　　　　　　　签字:科拉多

过度保护，也是一种过度惩罚

发生在独生子女之间的争吵，最后往往会变成双方家长的争吵。鉴于此，不仅孩子需要学习如何争吵，家长们也很有必要学习好好吵架。从下面的故事中我们可以看到，家长的参与让孩子们的争吵变得更加复杂。

西蒙娜 / 西尔维娅（9岁）的妈妈
阿尔贝尔托 / 罗多尔佛（10岁）的爸爸

西蒙娜带着女儿西尔维娅在公园玩。突然，女儿的叫声引起了妈妈的注意。西尔维娅同班同学的哥哥——罗多尔佛正在使劲地揪西尔维娅的头发。西蒙娜和罗多尔佛的爸爸阿尔贝尔托赶紧过来，想要分开两个孩子。事后，罗多尔佛承认自己揪了西尔维娅的头发，而且并没有什么特别的原因，但他拒绝向西尔维娅道歉。局势变得有点胶着，罗多尔佛的妹妹还邀请西尔维娅当晚去家里做客。西蒙娜也不知所措，不知道晚上还应不应该再让女儿去罗多尔佛的家里做客。最后她还是同意了。

等晚上去接女儿的时候，西蒙娜请罗多尔佛的爸爸让儿子给女儿道歉。罗多尔佛依旧不肯道歉，他的父母也没有坚持。西尔维娅回家之后，她的爸爸妈妈考虑到这天发生的事情，以及之前的种种事端，做出了一个惊人的决定：除了上学期间，西尔维娅以后都不许和罗多尔佛的妹妹玩了。

这时讨论谁对谁错已经没有任何意义了，父母已经禁止孩子们继续玩耍。父母的这种行为对于孩子们来说有百害而无一利，既是一种过度保护，也是一种过度惩罚，不仅阻止孩子们交往，也剥夺了孩子们发生冲突的权利。特别是西尔维娅的妈妈，她的一系列举动（寻找过错者，然后强加解决方案）除了伤害孩子，简直一无是处。

换言之，面对孩子们的争吵，一方面要分开争吵双方，另一方面要把是非对错弄清楚，甚至不惜把其他孩子的家长也牵扯进来，这么做就意味着"对错"是整个家庭的核心观念，而无法把孩子们的争吵看作正常的童年经历，忽视了争吵能带给孩子的好处，而这些好处正是本书一直强调的核心理念。

我提倡的新方法正是为了纠正类似的错误，给家长们提供另外一种行之有效的可能，给那些仍然对孩子们的争吵持负面态度的人指明方向。

当然，对于那些不惜一切代价都要分个对错的家长，我们可能真的难以改变他们的观念。我们要坚决避免为了孩子们之间的冲突和其他家长发生争吵。这会让孩子陷入内疚和自责之中，他们会认为是自己的行为给爸爸或妈妈带来了麻烦。

面对那些愤怒和暴躁的家长时，我们最好保持距离，不要让自己身陷其中。这样的举动也会给孩子做出榜样，教会他们如何处理类似问题。之后，我们还可以告诉孩子，并不是所有家长都是一样的。

好好吵架法不仅适用于儿童，同时也适用于解决成年人之间的冲突和矛盾，它可以让每一个人都学会更好地生活，接纳自己并与他人和谐相处。

这本书对于成年人来说,也是一次尝试和学习的机会,运用这一方法不仅能够处理好孩子之间的争吵,也可以解决成人在人际交往中遇到的问题。请记住:现在开始,永远不晚![4]

当争吵中可能发生伤害时

正如我在前文所解释的,儿童在 6 岁前基本上不会真正地伤害到对方。如果真的有伤害发生,基本上是意外造成,而且他们都不是故意为之。而 6 岁以上的儿童,虽然也很少见,但的确有伤害对方的可能性。这个时期儿童的力量迅速增长,在和兄弟姐妹或者同伴的争吵中,他们也会表现出想要故意伤害对方的倾向。这恰恰是父母、爷爷奶奶和老师们最担心的问题。

当孩子们动手打架,特别是使用了某些物品,有故意伤害对方的意图时,该怎么运用我们的新方法呢?

在下面的故事中,有孩子因为吵架受到了伤害,故事的情节特别值得每位家长注意。

梅丽莎 / 10 岁

大概一个星期之前,我和妹妹维多利亚吵了一架。因为我拿走了她的电子游戏机。我本打算玩一会儿,但她不同意,而且还生气了，她非常愤怒地踢了我的肚子，我也不甘示弱地骂她："猪头！"不幸的是，我不小心用胳膊肘打到了她的鼻子，导致她流鼻血流了 15 分钟。维多利亚去找妈妈告状，妈妈狠狠地批评了我。

从这个故事中，我们可以清楚地看到，10 岁的孩子已经具备足以伤害他人的力量。与此同时，梅丽莎也认识到自己不小心伤了妹妹。

亚历山德罗 / 10 岁

一年前，正当我和妈妈下跳棋的时候，我 8 岁的弟弟费德里科照着我的鼻子打了一拳。妈妈赶紧带我去医院治疗，同时把弟弟交给爷爷照看，我在车里都听到了爷爷对弟弟的训斥声。到医院之后，检查持续了三个小时，医生说我的鼻子差一点就断了。等我们把弟弟接回家，爸爸惩罚了他两天。

这个故事的显著特点是爸爸的出现，他的干预很可能是因为事态真的很严重。故事的主人公甚至因为受伤被带到了医院。

两个故事的结局都大同小异：生气的父母和必不可少的惩罚。

那么，在这些情况下，我们也能使用好好吵架法吗？具体该怎么做呢？

我的答案是：不仅可以，而且这些比较复杂的情况正是我们的新方法大显身手的好机会，可以有效地减少孩子们伤害他人的危险行为，只要这些行为不是暴力行为。好好吵架法的核心就是帮助孩子们好好吵架，进而找到解决方案，而不是通过暴力行为使对方屈服。上述案例也给我们提供了很好的教育机会。

好好吵架法 阻止孩子们在争吵中互相伤害。特别是如果孩子们的年龄超过 7 岁，当气氛紧张，争吵和肢体活动变得越来越频繁时，家长可以按照新方法的步骤来干预争吵。问问他们发生了什么，让他们各自说一说事情发生的经过。

砸在头上的乐高

房间里传来的叫喊声越来越大：10 岁的多梅尼科拿一块乐高砸在了 8 岁的弟弟吉安弗兰科的头上。弟弟气急了，想要咬哥哥。虽然哥哥威胁说还要用乐高砸他，但是弟弟并没有退缩，最终还是咬了哥哥一口。正当哥哥要砸弟弟的时候，妈妈叫喊着赶来制止了他。妈妈一边安慰弟弟，一边想办法让哥哥暂时离开。她让两个人分别冷静 2~3 分钟，虽然两个人都不愿意，都继续抗议着。

"他把我正在搭建的桥毁了，他总是这样。他就是个坏蛋！"

"桥是自己坏的。我也想要玩乐高。"

慢慢地，两个人都平静下来，过了十分钟之后，妈妈提议使用我们的新方法。她拿出小纸条，让孩子们在纸条上写下事情的经过。两个孩子不愿意配合，抵抗了一阵之后，还是乖乖地开始写。

> **多梅尼科**：他从我手里抢走了搭桥用的乐高，因为他想由他来完成。为了让他远离我的桥，我就用乐高砸了他的头。我并不想伤害他。

> **吉安弗兰科**：我请求和他一起玩乐高。他说让我等一会儿。但是他一直都不让我玩。所以我就自己去拿乐高。他就用乐高砸了我。所以我就咬了他。

读完两张小纸条，妈妈把和解纸条交给他们。多梅尼科和吉安弗兰科在厨房里商讨解决方案。过程并不顺利，两个人嘟囔着、抱怨着。他们还尝试把妈妈也牵扯进来，但是妈妈拒绝了，并坚持鼓励他们自己解决问题。最终，他们达成了和解。

> **和解方案**：如果多梅尼科正在用乐高搭建什么东西，吉安弗兰科必须耐心等他完成。然后两个人再一起玩乐高。
> 　　　　　　　　　　　　**签字**：多梅尼科，吉安弗兰科

当孩子们激烈争吵时，爸爸妈妈需要先让孩子们冷静下来。

并不是说这么做就一定可以保证达到预期的目标，但这可以有效地缓解之前的紧张氛围，也有利于让争吵双方冷静地还原事情发生的经过。如果孩子们仍然情绪激动，家长就不容易转移他们的注意力，无法让他们配合每一个步骤的实施，这时，家长要特别注意，不要让孩子好好表现。家长干预的目的是让孩子们保持适当的距离，不再打架。

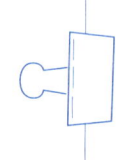

> **好好吵架法**
>
> 如果孩子们正在互相伤害，家长要毫不犹豫地制止他们。如果孩子年龄很大，家长可能要费一番力气，告诉他们事情的严重性，但不要指责某一方。家长要保持冷静，不要生气，也不要惩罚孩子。

认识、看见、强化爸爸在家庭教育中的角色

正如我们在第 2 章讨论过的，爸爸和妈妈在家庭里的形象还是有些不同的。爸爸代表着规则和秩序，妈妈则先天具有情感上的优势。爸爸意味着生活中的界限，能清晰地指出规则，激发生活的兴趣；妈妈意味着保护和呵护。两个角色都是帮助孩子健康、自信成长必不可少的部分。

当代爸爸变得更加慈祥和蔼[5]，家庭情况因此也变得有些复杂——妈妈变得比爸爸更加严厉。我倒不认为一定有必要严

格区分父母的角色，而且我认为，慈祥和蔼的爸爸对孩子来说是一件好事情。重要的是，爸爸对待孩子的态度和妈妈要保持一致，而且他必须要参与孩子的成长过程。

问题的关键在于，妈妈占主导地位的教育方式带来了很多缺陷：缺乏组织性的教育，缺少明确的规则，传递给孩子的信息是互相矛盾的。

妈妈们很少鼓励孩子们尝试自己做事情（当然这也和年龄有关），孩子们也无法发现自己的能力并建立对自己的信心。这样一来，孩子们会变得越来越依赖他人，性格越来越内向。

一般来说，家庭中父亲的存在可以消除母亲的担心和恐惧。母亲总是担心孩子受到伤害甚至失去生命，这是她们天生的敏感使然，因为她们在怀孕和生产的过程中经历了父亲难以体会的艰难（比如孩子早产后被放在保温箱里，比如幼儿在1岁之前可能会生各种疾病，比如食物过敏，甚至孩子太弱小以致夭折……）。所有这些对于失去孩子的恐惧，都会让母亲这一角色更加关注和保护孩子的身心健康，有时难免就会过度。然而，母亲的过度保护会导致孩子在成长过程中无法充分发挥自己的潜力。

当然，家长的这些举动是难以控制的，若家庭教育中情感比规则占优势，就会导致这样的结果。

因此，使用一种科学的教育方法来处理孩子们的争吵、打闹就很有必要了。好好吵架法提供的是一套帮助孩子成长的知识系统和一种沟通技巧，旨在帮助家长规划教育策略，并提供相应的工具以实现目的,让家长不再感到惶恐不安和不知所措。

由于母亲被情感和情绪影响更多,因此,父亲这一角色在家庭教育中显得极为宝贵。请所有的爸爸意识到这一点,好好发挥你们的作用和价值吧。

埃莱娜 / 两个男孩(8岁和10岁)的妈妈

孩子们和爸爸在一起的时候不怎么吵架,即使吵架,爸爸也几乎不干涉,从不像我一样担心孩子们会因打架受伤。因为他也有个兄弟,在他的童年经历中,从没有因为吵架导致严重的后果,所以面对自己孩子的争吵,他也很冷静。

玛利亚娜 / 7岁女孩和5岁男孩的妈妈

和爸爸在一起时他们也会吵架,但爸爸更有威慑力。只要爸爸在,孩子们即使吵架,也很快会和好。

特蕾莎 / 两个女孩(6岁和8岁)的妈妈

和爸爸在一起时,她们吵架比较少。爸爸从不喊叫,而且在他看来吵架都不是什么大事,就好像女儿们的吵架与他没什么关系似的。因此,他总是能包容并缓和孩子们的争吵,最后,女儿们也就不再争吵了。

卡特莉娜 / 10 岁男孩和 9 岁女孩的妈妈

如果爸爸大喊一声,他们两个立刻就不吵了。我这么做却达不到同样的效果。我觉得我再怎么努力,也无法像爸爸这样有威慑力。可能是因为我太爱讲道理,话说得太多。而爸爸是速战速决型的,他解决问题很高效。

以上案例从某些角度证明了爸爸这一角色在家庭教育中的分量,特别是在处理孩子的争吵时很有效。如果爸爸的潜力得到充分发挥,某种程度上就可以解放或者减轻妈妈处理问题的负担。

我们现在需要把多年来对爸爸的期待转变为现实。爸爸不要期盼着晚上下班回家之后,家里呈现出一派和谐的景象。爸爸必须要在家庭教育中扮演更有力量、更坚决、更沉稳的角色。家庭教育需要团队合作,爸爸和妈妈齐心合力才能取得更好的成效。

"今晚我们和爸爸聊一下这个问题。"这并不意味着让爸爸来实施惩罚,而是为了让孩子们知道,爸爸或者妈妈做出的任何决定都是双方协商后得出的。

在刚开始学习使用新方法的时候,爸爸的参与是非常重要的。这里我们有一些建议,可以让爸爸在家庭教育中的作用最大化。

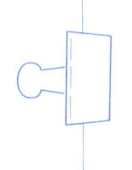

> **好好吵架法**
>
> 一开始使用新方法的时候，必须要找准合适的时机，特别是需要得到爸爸的支持。有可能的话，最好选择一个周末或者晚餐的时间。如果在没有准备好的时候盲目开始，效果很难保证，有时还会带来负面效果。

如果决定开始实施新方法，最好爸爸也在场，特别是在一开始的时候，爸爸的出现能够成功地引起孩子们的注意，让他们认识到正在发生的事情是不同寻常的。如果能由爸爸主导，那就最理想不过了，当然这有一定的难度。因为不是每次孩子们争吵时，爸爸都在场；又或者争吵的一方是受邀来到家里玩，到点就要回自己家。在这些情况下，妈妈们可能就得单独操作了。

当然，面对孩子们一个下午无数次的争吵，妈妈也可以控制住自己想要干预的企图，只告诉孩子们："爸爸今晚会采用一种全新的办法来解决你们的问题。"如果妈妈没有控制住自己，已经干预了孩子的争吵，或仅仅是想要平息孩子们的争吵，也需要给孩子们营造出一种期待的氛围，让他们对爸爸晚上的办法感到好奇和期盼。

> **好好吵架法**
>
> 和爸爸一起在家里开辟一个类似于"争吵角"的地方，让孩子们有独立的空间和时间来处理他们的问题。

地方的大小并不是最重要的，一个角落就足够了，重要的是这个地方要被固定下来，形成一种习惯。仪式化可以很好地帮助孩子们形成习惯，激发孩子们独立解决问题的能力。

> **好好吵架法** 孩子们可以和爸爸一起制作一个容器，用来装写着或画着孩子们的和解方案的小纸条。

把达成的和解方案收集并保存起来，可以加强孩子们独立自主的意识，让他们认识到这是靠自己的努力取得的成果，也能让他们逐渐认识和完善自己在处理问题时获得的能力。

我想再次提醒家长们，我们不应该阻止孩子们吵架，而是要学习面对和处理争吵。

至此，我们都清楚地认识到，爸爸是有可能在家庭教育中承担重要角色的，但这并不是强迫性的。好好吵架法当然可以由妈妈单独实施，但是，如果爸爸能参与进来，会大大增强这一方法的实施力度。如果实在不可能，妈妈在经过充分的准备之后，也完全可以独立担当重任。重要的是不能犹豫，不能退缩。家长不能总是尝试使用各种不同的方法，这只会让孩子觉得父母对他们的争吵无能为力。

父母传递的信息必须非常明确：新的方法一旦开始实施，就不会撤销。从那一刻起，就标志着解决问题的方式进入了新的纪元。

给离异父母的建议

那些不在一起生活的离异父母要如何使用新方法呢？还能使用吗？答案是肯定的。

离婚其实也是一种冲突。当一对夫妻决定离婚的时候，通常情况下也是因为双方的关系出现了问题，导致双方的不适甚至冲突。我们需要对离婚夫妻进行区分。有些夫妻在离婚之后，在孩子的教育问题上仍然保持沟通并能达成一致，有共同的教育规则和目标；也有一些夫妻在离婚之后完全不沟通，也没有共同的教育规则和目标。

因此，我们首先要考虑那些完全不沟通的离异夫妻，他们无法就教育问题交换意见，在使用新方法时会遇到巨大的困难；而那些保持沟通的离异夫妻对于孩子的教育问题是可以达成共识的，他们使用新方法就容易很多。

鉴于离异父母各自为政，孩子们在未成年之前理论上也只有一个家长拥有监护权，所以离异父母完全可以独立使用新方法，而不需要担心另一半和自己唱反调。

> 如果离异父母无法分享新方法，也完全可以自主实施，
> 因为孩子们迟早会适应父母在两个家庭中各自为政的情况。

重要的是，特别是在离异初期，父母们要战胜自己对孩子的内疚感。向孩子们解释父母的离异原因是非常困难的，之

所以困难，是因为很多时候父母也说不清离婚的确切原因。爸爸或妈妈在这个时候往往会过于担心离异给孩子造成的伤害和困难。其实，我们的目光应该朝向未来。父母可以告诉孩子们，虽然父母不再生活在一起，但依然像从前一样爱着孩子。只有这样才能让孩子感受到父母一直在陪伴着他们。

孩子需要认识到父母的教育能力，而不仅仅是父母声情并茂的长篇大论。从这个意义上来说，通过使用好好吵架法，做一个技术型的父母是更好的选择，可以让离异父母更好地控制自己的担心和焦虑，虽然这些情绪都是难以避免的。而父母在这一过程中展现的一贯性，也可以让孩子们感觉更安心。

此外，离异家庭的孩子不断争吵，还会让家长陷入深深的自责当中。家长会觉得是自己的离异给孩子带来了痛苦和伤害，因此他们需要通过争吵来发泄。每当这个时候，家长也总是小心翼翼地处理孩子们的争吵。当两个孩子中有人抱怨另一个的时候，又或是独生子女遇到困难的时候，家长总是以理解和安慰的方式为主。无论是正常家庭还是离异家庭，都需要重视儿童对和谐关系的需求。我们的新方法可以为家长提供有力的支持，帮助孩子们摆脱情绪的压力，让孩子们正确看待争吵，因为争吵是成长的必经之路。

卡拉 / 卡罗（10岁）和路易吉（11岁）的妈妈

我们刚离婚的时候，每当他们吵架，我总是不断地安慰他们。孩子们不停地哭，我就不停地帮他们擦干眼泪，并批评恚事的那一个。每次都不固定,兄弟两个轮着来。最后,我从这种自责和内疚中解脱了出来。使用好好吵架法之后,我发现孩子们变得更加平静,能独立处理自己的事情,每个人都觉得自己长大了。

乔尔乔 / 芙拉维亚(8岁)和马可(10岁)的爸爸

每当他们吵架的时候,我就要扮演妈妈的角色去安慰他们。我觉得他们在我们离婚之后吵得比之前多多了,所以我也开始喊叫。有人不礼貌或者是两个人吵架的时候,我会批评他们。但这样做也没有太大效果,他们的争吵并没有减少,而且两个人都对我不满。尝试了好好吵架法之后,我发现一切都变得简单了。孩子们都很满意,在没有爸爸的时候也可以处理好问题。虽然刚开始使用新方法的时候,孩子们有点儿抗拒,马可甚至对我说:"爸爸,你还是批评我们好了。"但这只是阶段性的,现在他们已经完全适应了新方法。

离异的父母当然也可以使用好好吵架法。虽然开始的准备工作会更加复杂,但对于处在这个特殊时期的孩子来说,他们会更想要发泄和争吵,此时采用一种能解决争吵的教育策略,可以给孩子们提供有效的帮助。

因此,没有任何理由阻止我们运用有效的方式教育孩子。家长们也完全不需要担心这种方法是否适合,或者自己是不是有能力使用这种方法。我们唯一要做的就是了解这个方法并付诸实践。

独生子女、双胞胎、多子女、单亲爸妈、易怒的孩子……不论处于何种处境，我们都可以使用好好吵架法，帮助孩子们找到更加有效的解决争吵的方法。父母们也可以使用这一方法解决成人之间的诸多争端。

如果我们可以做到，孩子们长大后也一定会为此感激自己的父母。

注 释

第 1 章 吵架其实挺好的

1. Ronald David Laing, *Conversando con i miei bambini*, Einaudi, Torino 2000, pp. 66-67.
2. Daniele Novara, Caterina Di Chio, *Litigare con metodo. Gestire i litigi dei bambini a scuola*, Erickson, Trento 2013.

第 2 章 寻找问题的根源
——为什么孩子们的争吵会让家长感到困扰?

1. Jane Dunn, *Vanessa e Virginia*, Bompiani, Milano 2004, p. 28.
2. 家长学校是心理和平与冲突管理中心所设立的一项教育计划,旨在通过专家的帮助,引导家长处理好家庭教育中的问题。
3. Daniele Novara, Silvia Calvi, *L'essenziale per crescere. Educare senza il superfluo*, Mimesis, Milano 2012; Daniele Novara, *Dalla parte dei genitori. Strumenti per vivere bene il proprio ruolo educativo*, Franco Angeli, Milano 2009.
4. Judy Dunn, *La nascita della competenza sociale*, Raffaello Cortina Editore, Milano 1990, pp. 53-54.
5. Isabelle Filliozat, *Le emozioni dei bambini*, Piemme pocket, Casale Monferrato 2004, p. 51.
6. Daniele Novara, *La grammatica dei conflitti. L'arte maieutica di trasformare le contrarietà in risorse*, Sonda, Casale Monferrato 2011, p. 71.

7. Sybil Evans, Sherry Suib Cohen, *Non t'arrabbiare*, Tea, 9 Milano 2001.

第 3 章 好孩子不吵架？
——为什么要摆脱以往那些无效的方法？

1. Carlo Collodi, *Pinocchio*, cap. 27.
2. Patrice M. Miller, Dorothy L. Danaher, David Forbes, *Sex-Related Strategies for Coping with Interpersonal Conflict in Children Aged Five and Seven*, in "Developmental Psychology", vol. 22, n.4, 1986, pp. 543-548. 本书将介绍的其他研究，包括在接下来的章节中我自己的研究，都没有在儿童争吵模式中如此清楚地反映性别的区别。
3. Paola Cosolo Marangon, *Il bravo bambino, la brava bambina: retaggio di una repressione atavica*, in "Conflitti. Rivista italiana di ri- « cerca e formazione psicopedagogica", n. 4, 2012.
4. Giulio Tarra, *Le buone azioni di Piero e Lena narrate ai fanciulli*, Libraio Editore, Milano 1876.
5. Daniele Novara, Silvia Calvi, L'essenziale per crescere. *Educare senza il superfluo*, Mimesis, Milano 2012; Daniele Novara, *Dalla parte dei genitori. Strumenti per vivere bene il proprio ruolo educativo*, Franco Angeli, Milano 2009.
6. Benjamin Spock, Il manuale dei genitori del dr. Spock, Sonzogno, Milano 1991, p. 203.
7. –, *Il bambino come si cura e come si alleva*, Euroclub, Bergamo 1980, p. 346.
10Ada Fonzi, Elena Negro Sancipriano, Il mondo magico nel bambino, Piccola Biblioteca Einaudi, Torino 1979.

第 4 章 区分争吵与暴力
——好好吵架有助于制止暴力

1. Eric Berne, *La mia infanzia a Montréal*, La Vita Felice, Milano 2012.
2. Dan Olweus, Bullismo a scuola. *Ragazzi oppressi, ragazzi che opprimono*, Giunti, Firenze 1996.
3. 受这种缺陷困扰的主体很难识别和描述自己和他人的感受和情绪，并倾向于将它们与生理感知等同起来。
4. 我们所说的争吵是一种冲突形式，双方的矛盾是显而易见的。这一现象在儿童身上非常常见，因为他们缺乏控制自身情绪的能力，只能通过最直接的方式表达对同伴的不满。
5. Daniele Novara, *La grammatica dei conflitti. L'arte maieutica di trasformare le contrarietà in risorse*, Sonda, Casale Monferrato 2011, pp. 71.1996 年世界卫生组织关于暴力的定义与我的理解不谋而合："暴力是指蓄意地运用躯体的力量或权利，对自身、他人、群体或社会进行威胁或伤害，造成或极有可能造成损伤、死亡、精神伤害、发育障碍或权益的剥夺。"

6. Alberto Oliverio, *Il senso dei capricci*, in "Psicologia Contemporanea", n. 92, 2012, p. 18.
7. Desmond Morris, *La scimmia nuda. Studio zoologico sull'animale uomo*, Bompiani, Milano 2011.
8. Isabelle Filliozat, *Le emozioni dei bambini*, Piemme pocket, Casale Monferrato 2004, p. 51.
9. Alba Marcoli, *Il bambino arrabbiato. Favole per capire le rabbie infantili*, Mondadori, Milano 1996, p. 229.

第 5 章 孩子眼中的争吵
——为自己找到正确位置的自然需求

1. Agota Kristof, 生于 1935 年的匈牙利女作家, 在自传中讲述她和哥哥的童年经历。*L'analfabeta. Racconto autobiografico*, Casagrande, Bellinzona 2005, pp. 14-16.
2. Judy Dunn, *La nascita della competenza sociale*, pp. 19-20.
3. Silvia Vegetti Finzi, *Storia della psicoanalisi*, Mondadori, Milano 1990, p. 79.
4. Luigia Camaioni, *L'infanzia*, Il Mulino, Bologna 1997, p. 65.
5. Catherine Garvey, *I discorsi dei bambini*, Armando, Roma 1985, p. 156.
6. Si vedano Felice Carugati, *Interazioni sociali, collaborazioni, conflitti: stato dell'arte e problemi aperti*, in Paola Nicolini, *L'interazione tra pari nei processi di apprendimento*, Edizioni Junior, Bergamo 2009; Clotilde Pontecorvo, Anna Maria Ajello, *Discutendo si impara. Interazione sociale e conoscenza a scuola*, Carocci, Roma 2004; Anna Oliverio Ferraris, *La forza d'animo. Cos'è e co- me possiamo insegnarla ai nostri figli*, Rizzoli, Milano 2004.
7. Silvia Bonino, *Aggressività, cooperazione e modelli educativi nell'asilo nido*, in "Età evolutiva", n. 29, 1988, pp. 86-90.
8. Silvia Vegetti Finzi, Anna Maria Battistin, *A piccoli passi. La psicologia dei bambini dall'attesa ai 5 anni*, Mondadori, Milano 1994, p. 301.
9. Alba Marcoli, *Il bambino arrabbiato. Favole per capire le rabbie infantili*, Mondadori, Milano 1996, pp. 229-230.
10. Marina Butovskaya, Alexander Kozintsev, *Aggression, Friendship, and Reconciliation in Russian Primary Schoolchildren*, in "Aggressive Behavior", vol. 25, 1999, pp. 125-139.
11. 同上 pp. 129-130.
12. Judy Dunn, *Sorelle e fratelli*, Armando, Roma 1986.
13. 同上 p. 130.
14. Desmond Morris, *La scimmia nuda*, pp. 149-150.
15. Catherine Garvey, *I discorsi dei bambini*, Armando, Roma 1985, p. 156.

16. Carolyn Uhlinger Shantz, *Conflicts between Children*, in "Child Development", vol. 58, n. 2, pp. 283-305.
17. Marina Butovskaya, Alexander Kozintsev, *Aggression, Friendship, and Reconciliation in Russian Primary Schoolchildren*, in "Aggressive Behavior", vol. 25, 1999, p.135.

第 6 章 好好吵架法四大步骤
——有效解决孩子的冲突和争吵

1. Simone de Beauvoir, *Memorie di una ragazza perbene*, Einaudi, Torino 1994, p. 48.
2. Aa. Vv., Emergenza educativa: *orfani nel lettone*, in "Conflitti. Rivista italiana di ricerca e formazione psicopedagogica", n. 14, 2008, pp. 16-23; Daniele Novara, *tutti assieme nel lettone*, in "Psicologia contemporanea", 2010 (1-2), pp. 58-63.
3. Daniele Novara, Caterina Di Chio, *Litigare con metodo*. Gestire i litigi dei bambini a scuola, Erickson, Trento 2013; Massimo Barberi, *Perché litigare aiuta i bambini a crescere bene*, in "Mente&cervello", n. 99, marzo 2013; Daniele Novara, Caterina Di Chio, *A litigare bene si impara*, in "Famiglia Oggi", n. 2, 2013(3-4), pp. 74-81.
4. S. Romano, *L'irresistibile impulso di parlare di sé*, in "Mente&Cervello", n. 91, 2012, p. 24; Diana I. Tamir e Jason P. Mitchell, *Disclosing Information about the Self is Intrinsically Rewarding*, in "Proceedings of the National Academy of Science", vol. 109, n. 21, 2012, pp. 8038-8043.
5. Marina Butovskaya, Alexander Kozintsev, *Aggression, Friendship, and Reconciliation in Russian Primary Schoolchildren*, in "Aggressive Behavior", vol. 25, 1999, p.135.

第 7 章 成果检验
——应用好好吵架法的效果和优势

1. Orhan Pamuk, *Istanbul*, Einaudi, Torino 2008, p. 290.
2. 所有研究结果详见：Daniele Novara, Caterina Di Chio, *Litigare con metodo*. Gestire i litigi dei bambini a scuola, Erickson, Trento 2013.
3. Danilo Dolci, *Palpitare di nessi*, Armando, Roma 1985, pp. 195-196.
4. Giacomo Rizzolatti, Corrado Sinigaglia, *So quel che fai*, Raffaello Cortina, Milano 2007; Giacomo Rizzolatti, Lisa Vozza, *Nella mente degli altri. Neuroni specchio e comportamento sociale*, Zanichelli, Bologna 2007; Marco Iacoboni, *I neuroni specchio. Come capiamo ciò che fanno gli altri*, Bollati Boringhieri, Torino 2008.
5. Felice F. Carugati, *La nozione di conflitto in psicologia dello sviluppo*, in "Età Evolutiva", 1984-10.
6. Catherine Garvey, *I discorsi dei bambini*, Armando, Roma 1985, pp. 159-163, 164.

7. 同上 p. 169.
8. Silvia Vegetti Finzi, Anna Maria Battistin, *A piccoli passi. La psicologia dei bambini dall'attesa ai 5 anni*, Mondadori, Milano 1997, p. 301.
9. Catherine Garvey, *I discorsi dei bambini*, Armando, Roma 1985, p. 157.
10. Gilberto Corbellini, *L'intelligenza aumenta nel mondo*, in "Il Sole 24ore", 2010-3-14; James R. Flynn, *What is Intelligence? Beyond the Flynn effect*, Cambridge University Press, 2009.
11. Laura Bonica, *Slittamenti tra regolazioni socio cognitive e regolazioni interpersonali: il ruolo delle opzioni meta comunicative in gruppi di gioco e di apprendimento osservati nei contesti educativi*, in Paola Nicolini, *L'interazione tra pari nei processi di apprendimento*, Edizioni Junior, Bergamo 2009.
12. 同上 , p. 51.
13. Daniele Novara, Caterina Di Chio, *Litigare con metodo. Gestire i litigi dei bambini a scuola*, Erickson, Trento 2013.

第 8 章 场景应用 1
——二胎以上家庭如何使用好好吵架法

1. Chiara Rapaccini, *La bambina buona*, Sonzogno, Milano 2011.
2. Luigia Camaioni, *L'infanzia*, Il Mulino, Bologna 1997, pp. 65-66.
3. John Bowlby, *Una base sicura. Applicazioni cliniche della teoria dell'adattamento*, Raffaello Cortina, Milano 1989.
4. Luigia Camaioni, *L'infanzia*, Il Mulino, Bologna 1997, pp. 64-65.
5. Judy Dunn, *L'amicizia tra bambini. La nascita dell'intimità*, Raffaello Cortina, Milano 2006.
6. 同上 , p. 65.
7. Silvia Vegetti Finzi, Anna Maria Battistin, *A piccoli passi. La psicologia dei bambini dall'attesa ai 5 anni*, Mondadori, Milano 1997, pp. 342-343.
8. Catherine Garvey, *I discorsi dei bambini*, Armando, Roma 1985, pp. 158, 163.
9. Paola Scalari, *Essere fratelli. Scontri e incontri. Quale posto occupano i genitori?*, Armando, Roma 1999, p. 24.

第 9 章 场景应用 2
——独生子女和离异家庭如何使用好好吵架法

1. Carlo Castellaneta, *Un'infanzia italiana*, Mursia, Milano 1984, p. 93.
2. Judy Dunn, *L'amicizia tra bambini. La nascita dell'intimità*, Raffaello Cortina, Milano

2006, pp. 254, 255.
3. Silvia Vegetti Finzi, Anna Maria Battistin, *A piccoli passi. La psicologia dei bambini dall'attesa ai 5 anni*, Mondadori, Milano 1997, p. 334.
4. Daniele Novara, *La grammatica dei conflitti. L'arte maieutica di trasformare le contrarietà in risorse*, Sonda, Casale Monferrato 2011.
5. Daniele Novara, *Dalla parte dei genitori. Strumenti per vivere bene il proprio ruolo educativo*, Franco Angeli, Milano 2009.